子藏

道家部

子華子卷

4

華東師範大學「子藏」編纂中心編

總編纂　方勇

副總編纂　吳平

國家圖書館出版社

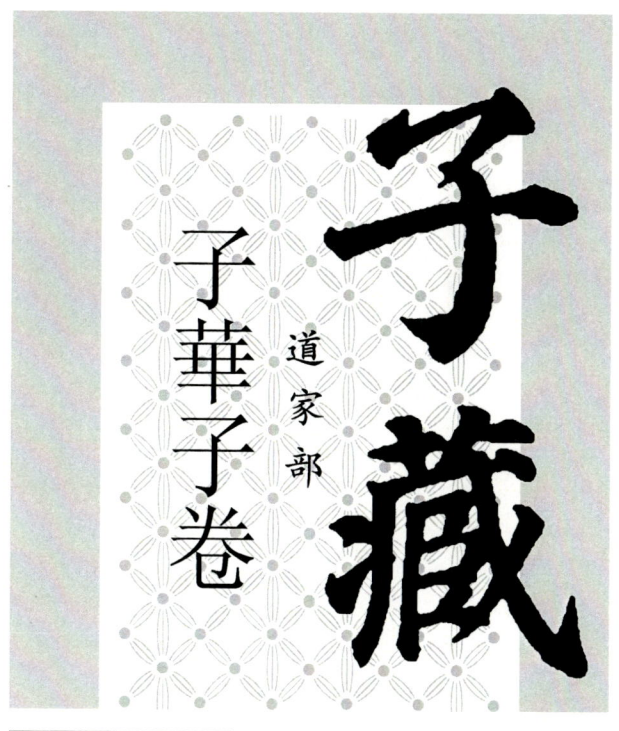

第四册目録

子華子二卷 明·郎兆玉點評、石九鼎参閲、郎斗金糾譌 明刊《且且庵初箋十六子》本 …… 一
子華子二卷 明·郎兆玉點評、石九鼎参閲、郎斗金糾譌 明刊《諸子褒異》本 …… 一一五
子華子 佚名摘抄 明藍格抄《二十一家子書摘抄》本 …… 二三九
子華子 清·嚴可均輯 清光緒二十年(1894)刊《全上古三代秦漢三國六朝文》本 …… 二七九
子華子十卷 清·金之俊評閲 清雍正間刊本 …… 二八三
讀子華子 清·楊琪光撰 清光緒十一年(1885)刊《枉川全集·百子辨正》本 …… 四六三
子華子文粹 李寶淦撰 民國六年(1917)上海商務印書館排印《諸子文粹》本 …… 四六五

評注子華子精華 張謂撰 民國九年（1920）上海子學社石印《評注晒子精華》本 …………… 四八五
子華子考補證 黄雲眉撰 民國二十一年（1932）金陵大學中國文化研究所刊《古今僞書考補證》本 …… 四九五
子華子精華 陸翔輯注 民國二十三年（1934）上海世界書局石印《四部精華》本 …………… 五〇一
子華子醫道篇注一卷 張驥撰 民國二十四年（1935）成都義生堂刊本 …………… 五一一

子華子二卷

明·郎兆玉點評、石九鼎參閱、郎斗金糾譌

明刊《且且庵初箋十六子》本

子華子序

護左都水使者光祿大夫臣向言所校讎中子華子書凡二十有四篇以相校復重十有四篇定著十篇皆以殺青書可繕寫子華子程氏名本字子華晉人

也晉自頃公失政政在六卿趙簡子始得志招徠賢儁之士爲其家臣子華子生於是時博學能通墳典丘索及故府傳記之書性闓爽善特論不肯苟容於諸侯聚徒著書自號程子名稱

籍甚聞於諸侯孔子過諸鄭歎
曰天下之賢士也簡子欲仕諸
朝而不能致乃遣使者奉纁幣
聘以爲爵執圭是時簡子殺竇
犢及舜華孔子爲作臨河之操
子華子亦逡巡不肯起簡子大

怒將脅之以兵子華子去而之
齊齊景公不能也子華子館於
晏氏更題其書曰子華子簡子
卒襄子立子華子反於晉時巳
老矣遂不復仕以卒今其書編
離簡斷以是門人弟子共相綴

隨記其所聞而無次敘非子故
所著之書也大抵子華子以道
德爲指歸而經紀以仁義存誠
養操不苟於售唯孔子然後知
其賢齊大夫晏平仲與之爲久
要之交當時諸侯以勢相軋爭

結怨速禍日以權譎爲事子華子之言如持水納石不相醻答卒以不遇可爲酸鼻謹目錄臣向昧死上

子華子凡例

一是書漢劉向所進止有十篇因身沒散佚弟子綴集遂存什之一朱子疑後世所託非先秦古書蓋謂漢藝文志無子華子故也然玩其詞直踞秦漢之上斷非贗託向云無次敘非子故所著之書或有之耳

一本得之吉藩乃其傳謝汝韶所校讐無一字差訛較舊刻自辨

一批評經先輩名公手裁者絕少每一展卷細心

抽繹直抒胸臆所見洗盡套語纂本如百子評林百子咀華諸子品節三十六子玄言春秋戰國文選中有可擇亦捃收焉以備全覽

一圈點寧嚴毋濫或一語義括全章或數語通篇呼應則用密◦圈或語屬翩獲或義入精微則用密圈至于文理條達者祇用讀圈具眼者當有賞鑑

堂策檻主人識

子華子目錄

上卷

下卷

天壤碧虛都涉窅冥此獨闡發陰陽體本一中斡運可謂發前人未發之蘊

子華子

武林郎兆玉完白點評

友石九鼎禹治參閱

男郎斗金公宣斜讎

陽城胥渠問

陽城胥渠因北宮子以見子華子子華子曰胥渠願有所謂也夫太初胚胎萬有權輿風轉誰轉三三六六誰究誰使夫子聞諸故記者審矣其有以發也胥渠願承

子丶贍清丶風問記用此二丶語○呼○應○可○見○古○

其餘子華子曰噫嘻本何足以識之請以嘗試言之

太陽居一其數九九非三三乎太陰居四其數六六非六六乎總之陰陽變化涵篇不過衍此二項

而子亦嘗試而聽之夫混茫之中是名太初實生三氣上氣曰始中氣曰元下氣曰玄玄資於元元資於始始資於初太眞剖劃通三而爲一離之而爲兩各有精專是名陰陽兩兩而三之數登於九而究矣是以棲三陰之正氣於風輪其專精之名曰太玄棲三陽之正氣於水樞其專精之名曰太一太一正陽也太玄正陰也陽之正氣其名赤陰之正氣其色黑水陽也而其伏爲陰風陰也而其發爲陽上赤下黑左青右白黃潛於中宮而五運流轉故有輪樞之象焉

華平屬離
金是一中
土爲樵題
之歎

水涵太一之中精故能潤澤百物而行乎地中風涵太玄之中精故能動化百物而行乎天上上赤之象其宮成離下黑之象其宮成坎夫兩端之所以平者以中存乎其間故也中名未立兩端不形是以坎離獨斡乎中氣中天地而立生育萬物新新而不窮陽氣爲火火勝故冬至之日燥陰之氣爲水水勝故夏至之日濕火則上炎水則下注鳥飛而上魚動而下物類相動燊本相應孰究其所以來誰使其所以然因其然也然不然也然乎然不然乎不然吾亦不知

說中雖不得和兼舉之最爲周

津液涎淚皆水可悟源之功吹噓吐納皆道斯識生之重

其所以然也夫是之謂萬化原上決而成天下決而成地既已決也命之曰中決必有所合也命之曰和中和玄同萬物化生夫是之謂三三六六陽城胥渠曰微夫子之言吾幾於不靈子華子曰噫嘻本何足以識之請以嘗試言之而子亦嘗試聽之

子華子曰夫道一也我與道而爲三矣而我之百骸九竅毛髮膏澤臟腑肝膈吹噓吸引滋液吐納無非道也自此以往大撓甲子所不能紀也是故道立於一而萬物之變也百事之化也散而爲萬殊爲　淪而

迫生不如死說得危栗動人

無涯古之知道者務全其生務全其生者不亡其所有也不亡其所有者道之守也道之守者神之舍也是故全生者爲上虧生者次之死次之迫斯爲下矣所謂全生者六欲皆得其宜也所謂虧生者六欲分得其宜也夫虧生則於其所尊者薄矣其虧彌甚則其尊彌薄所謂死者無有所知而復其未生也所謂迫生者六欲莫得其宜也皆獲其所甚惡者也辱莫大於不義不義者迫生也故曰迫生不如死人之常情耳聞而目見也耳聞所甚惡不如無聞目見所甚

辨神鼎之誕議論正大儒家之口吻也

不欲不如無見是以迅雷則掩耳恐故也所貴乎嗜梁肉者非腐鼠之謂也所貴乎飲醪醴者非敗酒之謂也所貴乎尊生者非迫生之謂也夫迫生之人覩窮而歸故曰迫斯爲下矣

公仲承問於程子曰人有常言黃帝之治天下也百神出而受職於明堂之庭帝乃采銅於首山作大爐焉鑄神鼎於山上鼎成羣龍下迎乘彼白雲至於帝鄉羣小臣不得上升攀龍之胡力顫而絕帝之弓裘墜焉於是百姓奉之以長號名之曰烏號之弓而藏

古者衣冠之制猶有体魄遺焉帝既仙矣体魄既藏其衣冠于橋山亦何爲哉

解此義者豈復爲方士所惑

其衣冠於橋山或作陵信有之乎程子曰否甚矣世之好譎怪也聖人與人同類也類同則形同形同則氣同氣同則知識同矣類異則形異形異則氣異氣異則知識異矣人之所以相君長者類也相使者形也相管攝者氣也相維持者知識也人之異於龍龍之異於鼎鼎之異於雲言之辨也惡足以相感召而實使之耶其不然也必矣世之好譎怪也常言皆譎怪之詞共用四句人之好譎怪也吾聞之太古之聖人所以範世訓俗者有直言者有曲言者直言章法絕妙者直以情貢也曲言者假以指喻也言之致曲則其

人好詭怪
苟非知者
誰正誰止

衆得詮解
明斷自今
詭怪之徒
咋舌

傳也久傳久而僞則知者正之謂甚而殺亂則知者止之夫黃帝之治天下也其精微之感蕩上浮而下沉故爲百福之宗爲百福之所宗則是百神受職於庭也帝乃采銅者鍊剛質也登彼首山就高明也作爲大爐鼓陽化也神鼎熟物之器也上水而下火二氣升降以相濟中和之實也羣龍者衆陽氣也雲者龍屬也帝鄉者靈臺之闕而心術之變也帝之謂所類也形也氣也知識也雖與人同爾然而每成而每上也每成而每上則其精微之所徹達神明之所之

傳以假喻警世迷

逆睹見秦漢君臣情狀

適其去人也遠矣羣小臣知識之所不及者也攀龍之胡有見於下也不得上升無見於上也有見於下無見於上者士也上下無見者民也弓裘衣冠者帝所以善世制俗之具也民無見也懷其所以治我者而已矣故帝之逝也號以决其慕藏以奉其傳此假以指喻之言也而人且亟傳之以相誑欺甚矣世之好譎怪也千世之後必有人主好高而慕大以久生輕舉而爲羨慕者其左右狡詐希寵之臣又從而逢之是將甘心於黃帝之所造者矣夫人之大常生而

少壯轉而爲衰老轉而爲死亡聖凡之所共也上知之所弗幸免焉者也且自故記之所傳若存而若亡大庭中黄赫胥尊盧以來所謂聖人者不一族吾誠恐大圜之土嶢榭聯累雖處什伯不足以處也而復何所主宰臣何所使而其昏昏默默以至于今也是不然之甚者也然而世之人知者歆羨愚者矜跂甚矣世之好譎怪也夫周之九鼎禹所以圖神姦也黄帝之鑄一禹之鑄九其造爲者同而所以之適焉者顛異是可以決疑矣且世之傳也不惟其傳昔未有

引喻新奇三至市虎參證此甚實矣

丁氏家故無井而出溉汲焉常一日而一人居外徵
其如是也鳩工而穿井于庭家相與語曰今吾之穿
井得一人矣有聞而傳之者曰丁氏穿井而得一人
也國人更相道之語徹于宋君宋君召其人而質之
丁氏對曰自臣穿井家獲一人之力非得一人於井
也是故黃帝之鑄神鼎是井中人之譬也知者正之
是宋君召其人而質之之譬也千世之後必有人主
好高而慕大以久生輕舉而爲羨慕者其左右狡詐
希寵之臣又從而逢之是將甘心於黃帝之所造者

禮從亂首之論異言偏詖此詆劉子亦無可貶黜然者固而言不覺司馬子長礼書本此煩冗

矣此吾所以反之復之而不能已者也小子志之郯子以達于禮聞于諸侯子華子亟往從之見郯子焉子華子曰異乎吾所聞夫禮先王所以定之也非所以搖之也夫禮先王所以開之也非所以暴之也青黃黻黼（或作黼黻）文章之觀盡而五色渝宮徵還激生生之聲足而八音汩陸有繯罝水有網罟而飛羽伏鱗無以幸其生矣詩不云乎潛雖伏矣亦孔之昭今郯子非徒搖之也又從暴之也郯子而達於禮樂異乎吾所聞蕭然駕而起遵塗而歸

觀后華子不信僧子分明無語河忽濟者同得出處之正宜其藹然日不[illegible]

孔子贈

子華子反自郯遭孔子於途傾蓋而顧相語終日甚相親也孔子命子路曰取束帛以贈先生子路屑然而對曰由聞之士不中間見女嫁無媒君子不以交禮也有間又顧謂子路子路又對如初孔子曰固哉由也詩不云乎有美一人清風婉兮邂逅相遇適我願兮今程子天下之賢士也於斯不贈則終身弗能見也小子行之

子華子曰惟道無定形虛凝爲一氣散布爲萬物宇

李論往古來今謂之宙四方上下謂之宇惟此能男闢乾坤

宙也者所以載道而傳焉者也萬物一也夫孰知其所以起夫孰知其所以終凝者主結勇者營散一開一歛萬形相禪太古之時澹泊恬愉鹿聚而麕居其知徐徐其樂于于夫是之謂宇有無以相反也高下以相傾也盛盈[illegible]息以相薄也龎洪蘆符以相形也由是以生由是以死由是以虧由是以成夫是之謂宙宇者情相接也宙者理相通也是故惟道無定形

鶡冠子云合轉同根命曰宇宙知宇無不容知宙無不足無此

虛凝爲一氣散布爲萬物宇宙也者所以載道而傳焉者也

賞罰暴者正令也其所以能行者精誠此文子子華不約而同

引譬極切此句脫字雖文不敢增減一字

子華子曰夫言之所以感感爲響響欲絕而感已移意之所以將爲思思未華而事前輟何則精神之所弗包焉故也七十九代之君法制不一號令不齊而俱王於天下明旌善類而誅鋤醜厲者法之正也其所以能行焉精誠也精誠不白則無以王矣其在後世以急刻而責怨以譎僞而課忠言非其願意非其眞而保人之弗叛悲夫是正坐於夕室也是白之懸而黑之募也是縱櫂於陸而發軔於川也其亦不可以幸而幾矣是以欲治之君將以有爲於是者必先正

存誠是子華矯世權譎心事

推誠天下從之如響應聲影像形古人斷不我欺

辭令適似左國

其本術定其精而不搖保其誠而弗虧夫然後出言以副情端意以明指世雖亂也俗雖汙也而曰感不效於影響者吾斯之未能信

子華子居於苓塞趙簡子將用之使使者將幣於闕曰寡大夫乏使使下臣敬修不腆以勤先生之將命者子華子反幣再拜以肅使者而進之於庭又拜而授辭曰主君之民某如獲罪戾其敢逃刑以其弗嗇之故而適抱薪纆之憂疾且有閒則我請造於朝其敢重辱我主君之命使者曰寡大夫且有緒言使下

趙王以意
内[illegible]子
[illegible]不願
[illegible]晉
國[illegible]華子
聚帑以行
都是其高
處

北宮子之
論[illegible]爲不
正

臣敬致諸執事惟是晉國之寵靈願與先生共之先生不違勤而貺以行請祿從者以爵執圭子華子沒階而進再拜而言曰土君之民某未有職業於朝也且有惡疾不堪君之命弗敢以與聞再拜而送使者於門反其室聚帑將行其弟子族立而疑北宮子曰意聞之身修於私名升於公古今之通誼也主君國之宗卿也政所自出以禮交而弗答無乃不可乎子華子曰意吾以爾爲可以忘言也而猶有萌焉夫萌於中必帶於外其意之謂矣且彼召我者夫豈徒然

怪晉法聖行徑自不與妙

哉必有以處我者矣爲人之所處者不得安其所自處矣是故古之人愼於其所以處也昔者吾友自鄭聞語於孔子屬屬焉不忘於心孔子之所志其過人者遠矣日者主君之召也孔子轍環於河滸而弗肯以濟援琴而寫志命之曰臨河之操其辭曰河之水洋洋兮丘之不濟此命也夫孔子之所以弗至是乃我之所以行也意吾以爾爲可忘言也而猶有蔄焉夫以小人之所察而量君子之心意爾其殆矣北宮子遂强以見趙簡子簡子聞子華子至再拜而迎曰

辭得妥然宜有以辟禍

望之薄龐上之何以

不穀得奉社稷之靈以撫有四封之內先君有禮所以覜賓客而交際之紀廬人實典治之吾子辱而在於敝邑有日矣以歲之不易而隸人有朝夕之虞願致戎邑方三四十里若五六十里以爲芻秣之共吾子其曲意以臨之子華子曰臣也不武年運而往矣顛毛種種懼不任君之事以爲司敗憂也君有四圉以扞四方臣弗堪也明日子華子行食於茭亭之口北宮子曰泰未有失也絕人之善意而又刮迹以去之夫子所以責人者太察矣子華子曰然非爾所及

一不惶于昭烈要知简子志大求遠必有难

副者刮迹以去其覔襪之作也與

解不爲係五臣人品可知

挖立不同出之謙抑

也夫秦君之志大而求遠其所以望於我者厚則吾

遠○應○晋○國○典○其○請○爲○出○不 出

無以堪其求矣且爾亦聞牧野之事乎周之六師歷

情 由

郊而陳武王韈係解焉有五臣者將受誓事於前王

顧而使之係五臣者相目而對曰臣之所以事君王

非爲係韈者也王不得已乃釋旄鉞而親係之夫人

君能致其臣能有所不爲然後可以責之以有爲人

臣能有所不爲然後能無不爲也本也未能無不爲

者也能有所不爲矣

子華子違趙趙簡子不悅燭過典廣門之左簡子召

而語之以其故燭過對曰彼庶人也而傲侮公上法所弗宜也且無以爲國矣簡子曰而士以兵之燭過至苓寒子華子之行者五日矣燭過反命曰無及也簡子悔之使使者於齊而使董安于寓書以招之子華子稽首而來再拜以肅使者于庭而授之辭曰主君之亡臣某不能束修越在諸侯以爲主君憂臣聞之物扃於所甘士扃於所守主君之亡臣不佞而有四方之志其敢以爲執事者之所辱夫丘陵崇而穴成於上狐狸藏矣溪谷深而淵成於下魚鱉安矣松

言婉而辟辭和而毅感動簡子之悔

大家敘述了無以宗

栢茂而陰成於林塗之人則蔭矣主君之亡臣不佞實有隱衷唯執事者昭明其所存如日月之私以光燭於晉國將四海之士重繭狎至以承主君之令聞夫豈惟亡臣卞臣雖復野死以實溝洫其敢忘主君之賜惟報事者財幸焉簡子得書召無恤而戒之曰燭過小人也實使我獲罪於本吾且死汝必反之愼不忘也襄子曰諾

北宮子仕

北宮子將仕於衛子華子曰意來子之所以自事其

子氏之學
故友試願
豐遠遠之
非晉法句
法字法無
不眾妙

晉知善之
爲善斯不
其已獨得
宗風

心者亦嘗有以語我乎北宮子曰意未得以卒業也
以是燋蘇之弗繼糊其願頻於人雖然謹志其所欲
（二句生出）（篇議論俱從此）
爲於善而違其惡也庶幾於完子華子愀然變乎容
有問曰意是何言歟善奚足願而惡奚足違吾語若
聖人不出天下潰潰日趨於迷欲以有已而卒於喪
已欲以達之於人而卒於失人凡以善故王者作典
將以濯滌今世之惛愀去善其殆可乎哉善弗去亂
未艾也而又奚以善爲北宮子曰噫有是哉願畢其
說子華子曰人中虛圓不徑寸神明舍焉事物交滑

打破此關
神明之舍

少私寡欲
何等清淨

云羨去慕
[illegible]

如理亂棼如涉驚濤一則以之怵惕一則以之忌諱一則以之懲創是則一日之間一時之頃而徑寸之地如炎如冰矣夫所謂神明者其若之何而堪之神弗畱則蠹明弗居則耗而又奚以善爲古之知道者淡兮如太羹之未調謳謳兮如將孩隨推而遷因蕩而還其精白津津若遺而復存其神明休休常與道謀去羨去慕孰知其故今子之言曰謹志於爲善則不善者將誰與邪違子之所惡則惡將誰歸耶予而勿受歸而勿納則必有忿悁之心起而與我立敵矣

[illegible]者多失於有意全是道師不害焉引

以我矜願之慾而接彼忿悁之心何爲而不鬭鬭且不止小則罵凌詬誶大則碎首穴胷夫以若之言而幸於完其幾於殆矣北宮子曰嘻若是其甚也子華子曰有甚哉吾語若禍之所自起亂之所由生皆存乎欲善而違惡今天下老師先生端弁帶而說乃以是召辟也學者[illegible][illegible][illegible]薰沐其中扃而亦唯此之事是事禍也父以是故不慈子以是故不孝兄以是故不友弟以是故不共夫以是故不帥婦以是故不從君以是故不仁臣以是故不忠大倫蠹敗人紀消亡結

數子皆得所欲而違所惡者也且不可况不能得所欲乎

轍以趨之而猶恐其弗及也悲夫石碏欲完其名而殺厚公子翬欲專其國而拒蒯聵寤生克段忽出而突入季友鴆慶父叔向誅鮒雍糾之妻尸糾於朝莊（或作叔）仲子欲託其帑於魯而先爇其室先君厲公一言而殺三郤華督父弁忽（或作忍）於輿夷毛舉其目尚不勝爲數也是皆名爲求得所欲而能違所不欲者矣然大倫斁敗人紀消亡結轍以趨之者而猶恐其弗及也悲夫吾語若亂之所由生禍之所自起皆存於欲善而違惡夫人之中虛也不得其所欲則疑得

釋疑能稍有猜無故孝弟忠貞之効皆從不疑得來可謂搬得膽畢珠

平抗權衡一段借喻高出諸家未有此精

其所不欲則惑疑惑惑載於中虛則荊棘生矣父不疑於其子子必孝兄不疑於其弟弟必共夫不疑於其婦婦必貞君不疑於其臣臣必忠是還至而效者也百事成而一事疑道必廢三人行而一人惑議必格大道之世上下洞達。忘堯舜三代之王也無意於王而天下治所循者直道故也是以天下和平天下之所以平者政平也政之所以平者人平也人之所以平者心平也夫平猶權衡然加銖兩則移矣載其所不欲其爲銖兩者倍矣故曰矜功者不立虛

核

又起善不可以有爲真絕處逢生

願者不至非惟不足以得福而行又以召禍故吾不悅於子之言今子亦平其所養而直以行之何往而不得何嘗而不就而又奚以善爲且善不可以有爲也堯曰若之何而善於予之事舜亦曰若之何而善於予之事是上與下爭爲善也上與下爭爲善是兩實也兩實則烏得平平不施焉則惡得直失其所以平直則堯無以爲堯矣舜無以爲舜矣吾子謹志於堯舜也而又奚以善爲北宮子之衞主於叔車氏叔車氏有寵於衞君國人害其嬖而將討之北宮子皆

奚以善爲凡數鎖機局甚妙

然歎曰吾爲是違夫子之言也是以獲戾於此也吾何以衛爲致其所以爲臣而歸

晏子治阿三年毀聞於朝公不悅召而將免焉晏子辭曰臣知過矣請復之三年而舉國善之譽言四達公將致其所以賞晏子辭焉公曰何謂也晏子對曰昔者臣之所治君之所當取也而更得罪焉今者臣之所治君之所當誅也而更得賞焉非臣之情臣不願也子華子聞之曰晏子可謂蓋而不阿者矣晏子之辭受其可以訓矣齊之蕪也固宜夫人之常情譽

[illegible]右之情同[illegible]無之助之愛之反而憎擠毀矣至苞直公行朋比互市王不之覺豈景公之接踵也寧獨齊之國蕪哉

[illegible]

同於已者助同於已者愛同於已者愛之反則憎必有所立矣助之反則擠必有所在矣譽之反則毀必有所歸矣然而人主不之察也左右執事之臣從而得其所欲爲則不禁也世之治亂蓋常存乎兩間齊之蕪也固宜

子華子曰元太初之中氣也天帝得之運乎無窮后土得之溥博無疆人之有元百骸統焉古之制字者知其所以然是故能固其元爲完其之完殘其所固爲寇賊之寇加法度焉爲冠冕之冠故曰殘固之謂

僉曰辨然否謂之士不能是是非非可謂士乎

寇毀賊則爲賊夫穿垣竇發鍋鑰其盜之細也夫

虎會問

虎會以其私問於程子曰主君何如主也程子曰昔堯舜在上塗說而巷議所不廢也是是非非之謂士試爲吾子推言之本也不敢以古事爲考先大夫文子之志也好學而能受規諫立若不勝衣言若不出口身舉士於白屋之下者四十有六人皆能獲其赤心公家賴焉及其歿也四十有六人者皆就賓位是其無私德也夫好學知也受規諫仁也無私德焉忠

唯虚受益
汪洋之度
有自來也
人主須具
知足觀

也江之源出於汶山其大如甕口其流可以濫觴順
沿而下控諸羣荆廣袤數千里方舟然後可以涉此
無他故也所受於下流者非一壑也夫先大夫文子
其訓於是矣是以有孝德以出公族有恭德以升在
位有武德以羞為正卿用能光融於晉國顯輔其君
以主盟於諸侯天下賴其仁兵甯之不試者垂十許
古年字
季今主君懋其勳庸而光賁於趙宗無以則先大夫
文子是焉取則尚德率義以弘大其光烈其將有譽
於四方也乃若范氏中行氏弗自克也而以覆其宗

名言可勤座右

鄉此則主君之所知也虎會曰辯矣夫子之言願少進也會得聞而謁諸主君庶幾其有瘳程子曰詩不云乎王欲玉女是用大諫夫糾其邪志而濟其所乏是忠臣之所留察也吾子其勉行之矣本聞之山有猛虎林樾弗除江河納汙衆流是瀦昔者秦穆公以秦之士爲不足也起蹇叔於宛迎丕豹於鄭取由余於戎拔百里奚於市用强其師以伉慧懷于斯時也晉國翦焉惟秦是從是故國以士爲筋幹不可以不察也今主君之未得志也有賢叔子者推其後而進

敘三子字洪工琢無不適古

之有舜華者挽其不及而使之當於理有吾丘鳩者
展布四體以爲紀綱之僕本聞之竇叔子之爲人也
强毅而有立方嚴而不判其事主也齊戒祓濯而無
有回心舜華多學而强記聡其所聞不惠於古初其
立論挺挺而不可以奪吾丘鳩年十有五而始以勇
力聞及其壯佼也四鄰畏之能以人投人以車投車
其視太行之險猶之步仞之丘此三臣者舉晉國之
選也主君之所與懋昭其庸而光賁于趙宗者也公
室六分河山之間龜析而鼎立范氏中行氏不庇其

以三子之賢尚不保其殺後靡不有初鮮克

樹終信
[illegible]

社而顛其宗主君之所不刑則緊此三臣之助今無
故而戮叔子矣又斃舜華於野以罪名不聞於國人
吾丘鳩恐焉褁糧而之於他國主君其未之思耶何
其首尾之刺戾也如是則主君之所以遠於大競者
也吾子主君之信臣也夫人誰無過過而能改心焉
聖人之所畏也今吾子能弗憚煩而以其耿耿之思
務以箴主君之闕遺將國人是賴吾子其勉行之矣

無爲之言
是[illegible]足

子華子見齊景公公問所以爲國奈何而治子華子
對曰臣愚以爲國不足爲也事不足治也有意於爲

以語之道太古之治於景公猶一吷而已然此篇筆端鼓舞生洋自怨景公訢之情日沸者之陋心信哉其可以拂耳也

請詔一字法經人道

則狹矣有意於治則陋矣夫有國者有大物也所以
持之者大矣狹且陋者果不足以有爲也臣愚以爲
國不足爲也事不足治也公曰然則國不可以爲矣
乎子華子曰非然也臣之所治者道也道之爲治厚
而不薄敬守其一正性內足羣衆不周而務成一能
盡能既成四境以平唯彼天符不周而同此神農氏
之所以長也堯舜氏之所以章也夏后氏之所以勤
也夫人主自智而愚人自巧而拙人若此則愚拙者
請矣巧智者詔矣詔多則請者加多矣請者加多則

重塞之國即漆園所云重傷之人

是無不請也主雖巧智未無不知也以未無不知應無不請其道固窮爲人主而數窮於其下將何以君人乎窮而不知其窮又將自以爲多未是之謂重塞之國上有諱言之君下有苟且之俗其禍起於欲爲也其禍起於願治也夫有欲爲願治之心而獲重塞之禍是以臣愚以爲國不足爲也事不足治也昔者有道之世因而不爲責而不詔去想去意靜虛以待不伐之言不奪之事循名覈實官庀其司以不知爲道以奈何爲寶神農曰若何而和百或作萬物調三光

攩夫豎隸旦然奚能使優辟不僉其意

堯曰若何而爲日月之所燭舜曰若何而服四荒之外禹曰若何而治青北九陽奇怪之所際是故此王者天下以爲功後世以爲能以故記之所道而君之所知也臣戇而不知方始而至於朝也竊有疑焉齊之所以爲齊者抑以異矣鐘鼓柷圉日以拮考而和聲不聞司空之刀鋸斷斷如也而罪罟滋長諸侯之賔容胥其唇吻而爭進諛言左右佞廷之人主爲蔽蒙僮夫豎隸曉然皆知公上之有惰心也造爲歌謠以蠱君心君曾不知之也冕旒清晨位宁以聽怨焉

歷指出齊不治情狀歸本君之勝心直刺病根凡有心者何不洒然一変

事君一術也須如此引誘

以古人自稱君之心則泰矣夫其誰而顧肯以其一
介之鄙試嘗君之嗜好而以干其不測之禍臣愚而
不知方始而至於朝也竊有疑焉夷考所由來以君
之心勝故也心勝則道不集矣羣臣之不肖者又隨
而揚之故其弊日以深其固如性而君曾不之知也
夫以君之明疏瀹其所底滯而開之以鄉道夫孰能
禦之抑臣聞之萬物之變也萬事之化也不可爲也
不可究也因其言而推之則無不得其要者矣故臣
愚以爲國不足爲也事不足治也公曰洋洋乎而之

子雲之鶩說本此

孔席不暇煖應是如

所以言吾欲以有說而無所措吾辭而之道慱大而無侃吾所不能爲也嘗曰有以拂吾之愊心子華子退而食於晏氏

子華子往見季沈季沈曰自吾從於夫子也轍迹不遺於四國未有終歲以處也夫子亦勤且病矣哀也鄙人不適於夫子之量天下失道黑白溷淆而吾夫子駕其說將安之哀將有以請而弗敢也願質之於吾子子華子曰然仲尼天也其可違物而莫處乎其可絕物而自營乎日月不宇宙四指必迷所鄉矣仲

[illegible]心事

欲學無乎不可必從有所可始易覺自聖人與未可以飄飄然誠然

從古來談嚴後之禍實此痛快

尼人之準繩也仲尼之轍迹則病矣而亦皇暇之恤季沈曰敢問吾子之不試何也子華子曰本也何足以望夫子夫子軫方而轂圓者也將無乎而不可我則有所可也夫以我之所可而從夫子之無乎不可逝將從其後也

晏子

子華子謂晏子曰天地之間有所謂隱戮者而莫之或知知之者其幾於道乎晏子曰何謂也子華子曰天地之生才也實難其有以生也必有所用也如之

天地寶至
材木猶且
愛惜則其
於賢人可
知蔽賢者
獲天此譴
戮所必加
也

何其將擁之蔽之而使之不得以植立也天地之所大忌也日月之所燭燎也陰陽之所机移也鬼神之所伺察也是以帝王之典進賢者受上賞不薦士者罰及其身善善而惡惡其實皆衍于後嘗試觀之夫物之有材者其精華之蘊神明之所固護而祕惜不可以知力窺也蒙金以沙固玉以璞珠之所生漩栢之淵而隈澳之下也豫章楩柟之可以大斷者必在夫大山窮谷房顏嶇嵒之區抉剔之掎摭之剝削之苟不中於程度則有虎狼蛟黿虺蜴之變雷霆崩墜

鬼神亦欲人處高爵祿而讓賢今敝貧滯其所欲學不爲其所[illegible]

覆壓之處何以故天地之生才也實難其有以生也必有所用也如之何其將壅之蔽之而使之不得以植立是謂之違天而黷明違天而黷明神則殛之雖大必折雖炎必撲荒落而類圮敗而族夫是之謂隱戮隱戮也者陰隲之反也如以匙勘鑰也如以璽印塗也必以其類其應如響晏子曰駭乎哉吾子之言也嬰也願遂其所以聞子華子曰大夫無甚怪於余之所以言也余之所以言其有以云也今夫人之常情爲惡其毀也成惡其虧也於其所愛焉者則必有

摩後請之情狀模寫極正

發貪者恣此亦奇衆

心

悋固之心悋固之心萌於中虛卒然而攻其所甚愛則必曹起而爭爭而不得則必氣沮而志奪氣沮而志奪則拂然而怒塡乎膺拂然而怒塡乎膺則將無與爲敵者矣天地之所以生材也甚愛之甚惜之則其所以有悋固之心曾何以異夫人之常情世之人莫之或知也徒恃其胸腹之私與其狡譎變詐之數翕翕而訛訛巧觝而深排規以幸人不已勝也夫人之勝人也何有天地之鑿也神明之照也甚可畏也甚可怖也如使之氣沮而志奪拂然而怒以充塞乎

敘三卿之盛衰開闔有法

兩間偏俱厎慝聚而爲陰陽之罰其中於人也必慘矣是必至之勢而無足經怪者悲夫世之人莫之或知知之者其幾於道矣本也晉國之鄙人也嘗得故記之所以道者矣昔先大夫欒武子之在位也夙夜靖共矯枉而惠直不忘其職守而以從其君厥有顯聞布在諸矦之冊書逮其嗣主則不然弗類于厥心放命以自賢怙寵專權剪棄人士圖以封殖于厥躬國人疾視之如目有眯焉日移其志以速厥罰欒氏以亡昔先大夫隨武子之在位也明春以博識晉國

賢[illegible]亮 令[illegible]十有五 其臣之[illegible] 然知者去 之其妻之 然然仁者 學之可者 [illegible]

之雋老也然且歆或作愔焉而不自居惟曰余有所不見惟曰余有所不知惟曰余有所不聞瞑有所志且而升諸公是以晉國之士無遺其材者用能光融昭著以有立於朝父子兄弟以世及也而爲晉宗卿逮其嗣主則不然闒闒自庸而巧持其非心毀本塞原甚於虺目惟諛佞之小夫是暱是用絜朕知者遠之洒然善者伏藏以在下日移其志以速厥罪范氏以亡昔先大夫中行文子之在位也拔識俊良振其滯淹人之有技能如出於厥躬恪謹弗解惟力是視是

三晉亡先覆緒宗之此大方家法也

以能相其君以尋盟諸侯逮其嗣主以苛爲察以欺爲明以刻爲忠以計多爲善以聚歛爲良崩角摘齒恐人之軋已也門如鬧市惟利是視憸人乘間而會逢其惡極其回邪如鬼如蜮日移其志以速厥罰中行氏以亡凡此三主者晉國之世臣也所謂崇藴穹隆而不遷之宗也而又其先大夫皆有玄德以媚于上下神祇其在嗣主荒墜厥訓用以覆宗滅緒餒其先靈而不得以血食于晉國無他故也特其盛强昌庶而蔑棄於理憑人而勝天藏伎於中而以之違天

從世家說到單族上意足留[illegible]

筆意超[illegible]而引[illegible]

地之所恪罔是以其酷如是也而況於單族後門之士竊人之爵祿而邀覬於一時之幸虛惕而恫疑且懼人之出於其上也疑似之迹未明伺畀之志未講而壅之蔽之使之不得以植立也則其得禍也必有深於晉之三主者矣夫築垣墉者務其高而不務其實高不隱仞而甚傾之矣以兩手而揜人之聰明自以爲得也而不知其聾瞶之疾已移於己也悲夫夫豈不爲之大哀矣乎晏子曰駭乎哉言也微吾子嬰無所聞之嬰也請刻諸佩觿以志其不忘也

一人乎嗟
尚曰虧治
何得使公
族顛沛至
此二

晏子問於子華子曰齊之公室懼甲奈何子華子曰夫人之有欲也天必隨之齊將甲是求夫何懼而不獲昔者軒轅二十五宗故黃祚衍于天下于今未忘也宗周之王也姬姓之封者凡七十夫指之不能率其臂猶臂之不能運其體也今齊自襄桓以來斬斬焉朝無公姓野無公田帶甲橫兵挾轂而能戰非公士也結綬纚纚位列而籍居非公臣也公族之子若其孫散而之於四方惟童隸是伍公所以與俱者自有肺腸者也於詩有之豈無他人不如我同姓何以

置牧守而罷諸侯嚮詣邪而疎骨肉秦魏踽踽止坐此弊

最者權書夫式公己書

是踽踽而以臨於人上也齊將卑是求夫何懼而不獲今之人分財賄而設鉤策焉非以夫鉤策者爲能均也使善惡多寡無所歸其怨也是以聖人窮造物以爲識量然且龜卜筮著以爲央所以立言於公也聲出而應律身出而協度然且權量尺石以爲器所以立正於公也義識而理訓舉天下無敢以咨其議然且書契章程以爲式所以立信於公也德澤汪濊威制宏遠盡四海之大無不靣紂然且法度禮籍以爲卑所以立義於公也今齊則不然所以爲國舉出

失說入

論法而歸本無爲則任法猶任道也

以自然爲宗斯爲善

於私矣非止乎此而已也而又公歛其怨私受其福矣公窮[illegible][illegible]台私享其實矣齊之志於公室也非一日也故齊將畢[illegible]求[illegible]何懼而不獲

子華子曰昔先王之制法也有本衍焉有末度焉因而弗作守而弗爲去羨去慕與四時分其敘與寒暑一其度不言而民以之化不令而民以之服是以能因則大矣能守則固矣夫有心於作法之細也作而刻其眞法之原也法也者制世之麤迹也而且不可以容心焉而況於營道術乎於傳有之循道理之數

而以輔萬物之自然。六合不足均也。七十九代之君
其爲法不同而俱王於天下。用此道也。

子華子

武林郎兆玉完白點評

友石九鼎禹治叅閱

男郎壁金公府糾譌

晏子問黨

朝有黨忠良在近者日益疏則在遠者自疑畏不敢進故稱中唯主游士說

晏子見於子華子曰日者嬰得見於公公惡大羣臣之有黨也曰子將何方以弭之嬰無以應也吾子幸敎以所不逮虛心以承子華子曰噫君之及此言也齊其殆矣乎游士之所以不立於君之朝以黨敗之

互相攀援逐而后已此輩誠可深恨必有傳材過絕人倫首方足黎處其中間修則不與同惡終卑不譜工上曰此朋黨所為

也人主甚惡其黨則左右執事之臣有以藉口矣夫

上惡朋比近臣始得以乘間抵巇擒定作一篇主意

左右執事之臣其託寵也深其植根幹也固背誕死

黨之交布散離立聯累羅絡而爲之疏苟非其人也

則小有異焉者不得以參處乎其中間也士以廉潔

而自好者夫孰肯舍其昭昭以從人之昏昏洒焉若

將有浼焉必不容矣是以左右執事之臣因其修而

齊之曰黨人也人君曾不是察隨其所甚惡而甘心

焉於是有流放戮辱之事夫士之自好者削斲數椽

足以自庇而一簞之食足以糊口其孰肯以不貲之

吹毛求疵直至疑似最為慘刻

若輩得以服冕乘軒紹綱之禍寧有已耶

冰炭不同處羣猶不同羣舉朝皆私人而正人不群齊猶能乎

軀而投人主之所必怒者邪噫君之及此言也齊其殆矣乎小人之始至於齊也小異者不容而已矣今則疑似者削跡矣小人之始至於齊也媮婀脂韋者未必御也今則服冕而乘軒者矣小人之至於齊為日未數數也而其變更如此齊其未艾也人君曾不是察而左右執事之臣又原君之所甚惡因以隳游士之修舉齊之朝將化而為私人矣日往而月易槩壇級於公宮而君不得知也噫君之及此言也齊其殆矣乎

列庶歸咎君上得要問

子華子謂晏子曰夫治有象大夫亦嘗聞之矣乎晏子曰嬰願聞之於吾子矣子華子曰治古之時其君之志也端以有修其臣同德比義而無有異心朝無幸位事無失業其四野之外耒耜從其宜溝畎以其便其民愿而從法疏而不失上下翕翕惟其君之聽煞氣伏息災疫不作四鄰寢兵而珪玉纁幣以承其權此非治象而云何今齊之正言不聞聰明不開朝苐而不除野荒而薦饑其去治象也遠矣無等級以寄言者矣本聞之下無言謂之瘖上無聞謂之聾聾

通人于己既喑且聾莫知所通矣

君且不能禁大臣亦務含容以爲自便之計何況游士不異足

喑之朝上有放志而下多忌諱齊之謂也且合升勺龠合以登之斛稟則成矣太山之高非一石之積也瑯琊之東渤澥賛天非一水之鍾也所以治國家天下者非一士之言也今齊之執事者其悖矣乎墨以爲明狐而爲蒼以一爲二以二爲三公不能禁也植黨與而護其所同忌前而排孤婞婀脂韋者日至於君之前固寵而恃便公不能禁也猶之買馬者然不論其足力而以色物毛澤而爲儀則廐無走馬矣猶之售玉者然不論其廉貞溫粹而無瑕者而以大小

逆挽治上筆有千鈞之力

徑廣為儀則篋無連城矣惟士亦然論士不以其才而以勢地為儀則伊尹仲父不立於朝矣且齊之為國也表海而負嵎輪廣隈澳其塗之所出四通而八達游士之所湊也今齊君之所習而狎者非鮑國之私人則崔田之黨也游士無所植其足矣游士無所植其足則憑軾結轍而違之夫游士之所以去則治象之所以不存也本聞之窮鄉下里其為叢祠也不過於卮酒而臠肉薦國之社不難於請福今齊之蕉萃也甚矣所欲以為治者不半於古之人而功則略

嬰非不能諫但恐譏使之人隱至之藏以自守亦猶耐風之難爲云耳

如此說儉足令狐裘三十年遣車一乘者心服

具矣夫子之於齊君也朝夕進見而猶固惜自愛也猶不出其謦欬而規以振起之夫子之仁心抑已褊矣晏子曰善微吾子嬰無所聞之嬰之於君式譏之臣也吾子之言之也嬰則有罪矣

晏子問於子華曰聖人尚儉於傳有之乎子華子曰有之夫儉聖人之寶也所以御世之具也三皇五帝之所畱察也晏子曰嬰聞之堯不以土階爲陋而有虞氏怵戒于塗髹其尚儉之謂歟子華子曰何哉大夫之所謂儉者夫儉在内不在外也儉在我不在物

儉可以爲萬化之柄須說入精神

也心居中虛以治五官精氣動薄神化回潏嵩其所以出而謹節其所受然後神宇泰定而精不搖其格物也明其遇事也剛此之謂儉而聖人之所寶也所以御世之具也三皇五帝之所留察也何哉大夫之所謂儉者夫視入以爲出庚氏之職業也操贏而制餘商賈子之所爲也中人之家計口然後食閭里之志也乃若天子者太官也有天下者大器也臨萬品御萬民窮天之產罄地之毛無有不共無有不備此則古今常尊之勢也奈何而以閭里之所志商賈子

太官大器如尚儉毋乃爲后世諂臣媚子甘賓恣欲[illegible]子固是

[illegible]之藥

[illegible]貴之状如刻眉尽今腐儒[illegible]啄

之所爲庚氏之職業仰而議夫堯舜之量哉此腐儒之所守而汙俗之所以相欺者也土階塗髹之説野人之所稱道而於傳所不傳者也本聞之堯居于衢室之宮垂衣而襞幅遂如神明之居輯五瑞以見羣后帶幅舄而入覲者如衆星之拱北堯則若固有之也舜遊於巖廊之上被袗衣而鼓五絃之琴晝日月於太常備十有二章黼黻玄黄爛如也出則有鑾和動則有珮環步趨中於韶部之節舜亦若固有之也夫堯舜之備物也如此而惡有所謂土階三尺茅茨

桀之滅龍逢紂之淫三[illegible]其大[illegible]故倚宮室廣苑囿射五梁之變極飾材之工都從末減

濟衣濯冠以韜足[illegible]

不翦者惡有所謂塗髹以自怵戒者此腐儒之所守而汙俗之所以相欺者也故記所不道也桀紂之亡天下也以不仁而不以奢也戒奢者有禮存焉禮之所存可約則殺可豐則腆豈有攬四海之賦受九畡之經入而土階以居欲有塗髹而不敢也其不然也必矣且先王之制也改玉則改行旂旒冕璪以示登降之品今汙世人不通於禮也處尊而偪賤居大而侵小夫以王公之尊而圉隸以自奉難爲其下矣不惟以偪於厥躬也而又旁無以蔽其族黨上不豊其

知以敬其憂

爾雅云夏爲朱明冬爲玄英夏爲長嬴冬爲安寧此玄武本之

宗祧曰吾以是爲儉也不亦夷貊之人矣乎晏子曰善微吾子嬰無所聞之也終不敢以論約

執中

子華子曰聖人貴中君子守中中之爲道也幾矣寓中六指中存乎其間兩端之建而中不廢也是故中則不既矣小人恣睢好盡物之情而極其執其受禍也必酷矣何以言之朱明長嬴不能盡其所以爲溫也必隨之以揫斂之氣而爲秋玄武沍陰不能盡其所以寒也必隨之以敷榮之氣而爲春孰爲此者天

鶡冠多用文武

數窮守中亦惡盡之意

也天且不可以盡而況於人乎是故誠能由於中矣一左一右雖過於中也而在中之庭一前一郤雖不及於中也而在中之皇及小人好盡則遠於中矣遠於中則必窘於邊幅而裂矣必觸於巉巘而僵矣必墜於坑塹而亡矣如以石而投之於淵也不極則不止矣悲夫天道惡盡而昧者不之知也古之君子齊戒以滌其心奉之而不敢失者其中之謂歟天地覆壓中不磨也陰陽並或作弁交中不渝也五色玄黃亂於前中不失也悲夫世之小人快其志於俄頃之久

屢之評正聖人濟世心腸

而促失其所以爲中也危國喪身而不早悟也惟其惻然而以中怛之怛之而不早悟也是之謂下愚而不可動化者也

子華子曰天之精氣其大數常出三而入一其在人呼則出也吸則入也是故一之謂專二之謂耦三之謂化專者才也耦者幹也化者神也凡精氣以三成三者成數矣宓犧軒轅所柄以討者也赫胥大庭愉悅如有所遺者也故曰出於一立於兩成於三連山以之而呈形歸藏以之而御氣大易以之而立數也

可補參契

洞典

子華子曰道之所載四出拓（或作宕）坦有足者斯踐之矣夫何故平故也怴潏濛澒而無不容一與二二與三吾不知其攸然而同謂之平夫何故虛故也惟虛爲能集道惟平爲能載道無所於閡無所於忤虛之至也左不偏於左右不偏於右無作好也無作惡也如懸衡者然平之至也心胸之兩間其容幾何然則歷陸嵚嶇太行鴈門横塞之靈臺之關勺水之不通而奚以有容嗜欲炎之好憎冰之炎與冰交戰焉則必兩相傷者矣是故革四壙則裂胃中滿則克薄氣

與文子之言若合符節

罷語狂門事一嗜

說似般若口吻

發嗜慉怖作狂積憂損心心氣乃焦故曰一虛一平
而道自生一平一虛而道自居
子華子曰王者樂其所以王亡者亦樂其所以亡故
烹獸不足以盡獸嗜其脯則幾矣王者有嗜于理義
也亡者亦有嗜乎暴慢也所嗜不同故其禍福亦不
同也
子華子曰生者死之對有者無之反瘴者隆之囮虧
者成之漸大道無形無數無名無體以無體故無有
生死以無名故無有有無以無數故無有隆瘴以無

文字生虛空破欲還之無形無數無名無體焉可得乎

推出四靈之長因及其說博雅之極

形故無有成虧既已域於四象者矣完不能無毀也是以韋革雖柔擴之則裂礦石雖堅攻之則碎剛柔重輕大小長短雖不同也同於一盡故古之制字字爲之破而文亦如之

子華子曰周天之日爲數三百有六十閏月之時爲數三百有六十天地之大數不過乎此五方之物其爲數亦如之鱗蟲三百有六十震宮蒼龍爲之長羽蟲三百有六十離宮朱鳥爲之長毛蟲三百有六十兌宮麒麟爲之長介蟲三百有六十坎宮伏龜爲之

長倮蟲三百有六十盈宇宙之間人爲之長一人之身爲骨凡三百有六十精液之所朝夕也氣息之吐吸也心意知慮之所識也手足之所運動而指股之所信屈也皆與天地之大數通體而爲一故曰天地之間人爲貴

人乃生意與後日月運行來正意不煩疏而自適

子華子曰撞鈞石之鐘六樂共奏於庭所以寫樂也而隱憂者臨之而逾悲不主乎樂故也鬱搖而行歌促絃而急彈所以寫憂也而安恬者得之而逾歡不主於憂故也然則憂樂在外也所以主之者內也內

均此樂也樂者聞之則喜憂者聞之則悲悲喜在人心非由樂也故吾稱人宗爲神

靈之主非封德學說微所及不知其論本之子華

道也天也帝也皆主乎心心是本主宰此篇都當講此卽心經

之所感赭蒼互色東西貿區而昧者則不之知也故曰觀流水者與水俱流其目運而心逝者歟

子華子曰渾淪鴻濛道之所以爲宗也偏覆包涵天之所以爲大也昭明顯融帝之所以爲功也道無依阿天無從違帝無決擇然則心烏乎而宅道心天也天心帝也帝心人也人之心莫隱乎慈莫便乎恕柔子匍匐使我心惻隱於慈故也淩波而先濟跛而望乎後之人便於恕故也此心之弗失焉可以事帝矣可以格天矣可以入道矣此心之弗存焉道之所去

余此釋詁宋數偷埋廣傳諸雅

王荊公好談字義苟能字字如由字作解當不爲坡公之所窘

也。天之所違也。帝之所誅也。古之制字者此茲爲慈。如是爲恕。非其心也。則失類而悲。是以挾道理以御人羣者。庸詎而忽諸。

子華子曰。凡物之所有由者。事之所以相因也。理之所以相然也。軸之軸。車由是以相運也。紬之紬。絲或作思由是以相屬也。姓伷之伷。族由是以有分也。橘柚之柚。味由是以有別也。宇宙之宙。理由是以有傳也。禾之油油。穀由是以登也。雲之油油。雨由是以降也。憂心有妯。心由是以動也。左旋右抽。軍由是以止也。

故凡物之有所由者事之所以相因也理之所以相然者也

大道

子華子曰大道有源其源甚眞名曰空洞空洞無有是生三元三元之功同立於玄紘而守之是謂三極衡而施之是謂三紀上下貫焉是謂三才一之所成萬紀以生一之所綱萬有以藏是故空者無不備之謂也洞者無不容之謂也大道之源其源甚眞無物不稟無物不受無物不度廣盡於無畛細淪於無間

[illegible]生二[illegible]二生三三生萬[illegible]萬紀[illegible]有孰不[illegible]二一以[illegible]

子雲嘿嘿
守乎太玄
艮有以也

付畀稟受而不加貧薾酢應對而不加費故曰通於一萬事畢此之謂也

子華子曰仰而視之玄在焉俛而察之玄在焉旁行而四達玄在焉迎而望之玄參乎其前也攝足窘行去而違之玄瞠乎其後也是故玄無所不在也人能守玄玄則守之不能守玄玄則舍之

子華子曰火宿於心炎上而排下其神躁而無準人之暴急以取禍者心使之也木宿於肝觸突于抵而銳其神狷束而無嘗人之樸戇以取禍者肝使之也

五事之配雖本箕疇意不拾其唇吻軼于仲舒班固遠矣

金宿於肺礐訇而不屈磬而不能仰也其神凋疎而無法人之訐決以取禍者肺使之也水宿於腎㬥縮以湊險其神伏而不發人之姢娴脂韋以取禍者腎使之也土宿於脾磅礴而不盡其滲漉也下注而不止其神好大而無功人之垂遲澀訥以取禍者脾使之也火氣之喜明也木氣之喜達也金氣之喜辨也水氣之喜藏也土氣之喜發生也是故事心者宜以孝事肝者宜以仁事肺者宜以義事腎者宜以知事脾者宜以誠實而不詐五物宿於其所喜五事各施

不小孤陋
者有結構

模人情無
常曲盡情
態

周舍以已
所處而善
子華之所
亦不知君
子之所以
甚不可爲

其所宜外邪之不入內究之不泄夫是之謂善完子
華子曰甚矣世之人注其目於視也目奚足信今有
美麗佼好之人人之所同悅也然而蒙之以倛首則
見之者棄之而走更衣之以輕紈阿緆焉（本無則衣字）
向之走者留行矣甚矣世之人注其目於視也目奚
足信
周舍見子華子曰舍聞之身修而名不立無爲於擇
術矣庶羞百品雜進於盤几而咽不下無爲於貴饌
矣抱璧而徒乞無爲於貴寶矣敢問夫子之所以志

知其不可而止之性知道者可以語此故子華以道之不同告之末以日不能見其實設喻

子華子曰然釜槩之於量也不能以容於所不受尋墨之於度也不能以及其所不至鈞天廣奏飛鳥過而不止崇楹繢栱猱狖逃焉且員動而方息所性不同也火炎而水流習使之然也今以大夫之所處而議本之所以志必不齟矣無以則有一焉而願因以有獻也夫六虛有精純粹美之氣而不敢傳焉託於物以寫其響流於形於萬有而不敢以有爲試嘗論其微矣使麗之苦癒也而醜則堅牢華璧之易以碎也而金鐵則難陶甚矣物之不可以全也如是是不

可以一方取也是不可以一伎爲也惟知此道者爲
幾乎其能全今大夫少修而端慤壯長抗以有立方
將偈其昭明焉而以爲人之的其犯難也果其量物
也褊而又且徑往而直前矯拂人之所不欲而規以
自立甚無所用之虛名此非本之所得知也夫目之
明能見於百步之外而顧不見其背也惟精之後則
無睹也無以則有一焉而顧罔以有獻也
子華子曰萬物玄同孰是而孰非孰知其初孰知其
終吾無得其所以然也命之曰一一者衆有之宗也

萬物得一故莫不仰術而一之謂之道是象

爲天地總故能爲天下許理應如是

道得之謂之太一天得之謂之天一帝得之謂之帝一帝一也者立乎環中㧗其嚮而不得也味其臭而不得也渾渾兮如有容洎兮如未始出其宗茫茫兮如無所終窮天一也者爲而不宰成而不有機之所由以出焉機之所由以入焉太一也者有而無家能化一以爲二化二以爲三因三以成萬物故曰一之變大矣在三而三在九而九有萬不同而管于一術通乎一術無一之不知昧乎一術無一之能知是故音聲顏色臭味之數不過於五五者立於一一立而

邪得以攻正畢竟自[illegible]其際

萬物生矣

子華子曰寒濕溫燥晦明之變則大矣形恒乎化則涸而其形無盡喜怒哀樂思懼之化則偏矣偏繇乎變則涸而其形有餘正氣之在人也上下澄注如環之無端莫知其紀極也不可以為量也是能使其神之所渟鬱鬱勃勃而不可屈是能使其形之所宅完固靜專而不可撓是故能通於養氣之術者不可以不務自也且氣不勝邪攻之矣攻之而不已則氣必剉剉之而不已則向於消亡矣正氣漸盡邪術壯長

還家尊生
足訣

心傷於中而色澤外變神去其餘而死矣是以古之知道者築壘以防邪疏源以毓眞深居靜處不爲物攖動息出入而與神氣俱魂魄守戒謹窒其兌專一不分眞氣乃存上下灌注氣乃流通如水之流如日月之行而不休陰營其藏陽固其府源流泄泄滿而不溢冲而不盈夫是之謂久生

子華子曰人之性其猶水然水之源本甚潔而無有褎穢其所以濯之者久則不能以無易也易而不能反其本初則還復疑於自性者矣是故方員曲折湛

於所過而形易矣青黄赤白湛於所受而色易矣宫商徐疾湛於所聞而響易矣涵洑澈濬湛於其所以容而態易矣酸淡芳臭湛於其所以染而味易矣凡此五易者非水性也而水之所以爲性者則然矣是故古之君子愼其所以湛之

子華子曰天地之大數莫過乎五莫中乎五五居中宮以制萬品胃之實也沖氣之守也中之所以起也中之所以止也蠱絰之所以靈也神響之所以豐融也通乎此則條達而無礙者矣是以二與四抱九而

其數五居中央之宮五德居此

司馬子長極得意封禪篇現此卷中數語足令輿宰熱腸

上蹄也六與八蹄一而下流也戴九而履一據三而持七五居中宮數之所由生一從一橫數之所由成故曰天地之大數莫過乎五莫中乎五通乎此則條達而無礙者矣

北宮意問

北宮意問曰上古之世天不愛其寶是以日月淑清而揚光五星循晷而不失其次鳳凰至蓍龜兆甘露下竹實滿流黃出朱艸生敢問何所修爲而至於是也子華子曰異乎吾所聞夫禎祥瑞應之物有之足

發聖君之也五氣順序日月光清明□□鳳凰儀是已然之瑞應不可謂治世所無有千葉之論益有激而言觀後世人主一段便得之

以備其數無之不缺於治也聖王不識也君子不道也治世所無有也上古之世居有以虞宰參以安所以同於人者用舍也所以異於人者神明也神明之運其由也甚微其效也甚徑與變相蕩遷與化相推移陰陽不能更四序不能虧洞於纖微之域通於恍惚之庭挹之而不冲注之而不滿彼其視鳳凰麒麟也豢牢之養爾彼其視醴液甘露也畎澮之寫爾彼其視芝房竹實凡艸木之異者畦圃之毓爾彼其視玉石瓌怪凡種種之族者篋櫜之藏爾故曰聖王不

四語雜論不可以減

識也君子不道也治世所無有也昔者有虞氏彈五絃之琴以歌南風之詩而光被四表格于上下周公之佐成王也希膳不徹於前鐘鼓不解於懸而歌雍詠兮六服承德凡禎祥瑞應之物有之足以備其數無之不缺於治聖王已沒天下大亂父子貿（或作性失）君臣失紀未有甚於今日也然且日月星辰衡陳於上與治世同焉而已矣故曰天道遠人道邇待著龜而襲吉福之末也顛蹶望拜而諷焉其待則薄矣故

聖王三句叠叠呼應絕好章法

聖王不識也君子不道也治世所無有也吾恐後世

柔石與太史公封禪結語然其刻可崩矣

之人主方且雎雎盱盱唯此之事而爲人臣者巧詐誕謾以容悅於其君舍其所當治而責成於天僭或氣然而數繆也忽有鍾其變者色澤形貌非耳目之所屬也於是奉以爲祥君臣動色士庶聳聽以至作爲聲歌而薦之於郊廟錯采繢畫而以夸諸其臣民奄然以爲後世莫我之如也彼其却數於上世其所謂豢牢之養也剛澮之寫也畦圃之毓也篋襲之藏也章章焉如日星之在上也乃始矜跂而以爲希有之事夷世而不可以卒覯者也甚矣其亦弗該於帝

同一婉詞以說之。[illegible]得者攷邪[illegible]如承蜩而擬之也。今人止記藥[illegible]，不悟侍養之道，則李醫入膏之誚，其不瘳矣。

玉之量者矣

子華子居於岑塞北宮意公仲承侍縱言而及於醫

子華子曰醫者理也理者意也藥者瀹也瀹者養也

腑藏之伏也血氣之留也空竅之塞也關鬲之礙也

意其所未然也意其所將然也察於四然者而謹訓

於理夫是之謂醫以其所有餘也而養其所之也以

其所益多也而養其所損也反其所養則益者彌損

矣反其所養則有餘者彌乏矣察於二反者而加疏

瀹焉夫是之謂藥故曰醫者理也理也　意也藥者瀹

也滄者養也我嘗意曰正惟是世俗之醫所不能爲
也雖然意聞之也有所資於意不如無意之爲愈也
有所待於養不如無待之爲愈也敢問人有精神也
其升降上下與晝夜相通也與天地相灌注也其爲
種凡有幾子華子曰意善哉而之問也觸類以演之
進乎此則與知道者謀矣吾次其所以學也而擇取
之矣夫天降一氣則五氣隨之寄備於陰陽合氣而
成體故有太陽有少陽有太陰有少陰陰中有陽陽
中有陰故陽中之陽者火是也陰中之陰者水是也

揆經勁奧歷底其致直究五行方寸神髓黄帝之经以溯其精微至秦漢人之谱经灵樞甲乙書獻阿隱后之所缀鐫不足與儔

陽中之陰者木是也陰中之陽者金是也土居二氣之中間以治四維在陰而陰在陽而陽故物非土不成人非土不生北方陰極而生寒寒生水南方陽極而生熱熱生火東方陽動以散而生風風生木西方陰止以收而生燥燥生金中央陰陽交而生濕濕生土是故天地之間六合之内不離於五人亦如之血氣和合榮衛流暢五藏成就神氣舍心魂氣畢具然后成人是故五臟六腑各有神主精稟於金火氣諧於水木精氣之合是生十物精神魂魄心意志思智

慮是也。生之所自謂之精，兩精相薄謂之神，隨神往來謂之魂，並精出入謂之魄，所以格物謂之心，心有所憶謂之意，意之所存謂之志，志之所造謂之思，思而有所顧慕謂之慮，慮而有所決擇謂之智。夫於智十累之上也，至於智則知所以持矣，知所以持則知所以養矣。榮衛之行無失厥常，六腑化穀，津液布揚，故能久長而不弊。流水之不腐，以其逝故也；戶樞之不蠹，以其運故也。是以精上則滯，神惛則伏，魂拘則沈，魄散則耗，心攸則惑，志鬱則陷，意營則罔，思滯則殆慮殫則蒙智礙則愚故所謂持者持此者也所謂養者養此者也意善哉而之問也觸類以演之進乎此則與則道者謀矣公仲子曰夫子之言也而之問也承也得所未之嘗聞如發蔀焉願夫子益其說而晳徵其所以解也子華子曰然言固不可以一而足也夫心也五六之生也精神之舍也心之精爲火其氣爲離其色赤其狀如覆蓮其神爲朱鳥其竅上通於舌肝之精爲木其氣爲震其色青其狀如懸瓠其神爲蒼龍其竅上通於目肺之精爲金其氣爲兌其

象形而談是令讀者

色白其狀如懸磬其神爲伏虎其竅上通於鼻腎之精爲木其氣爲坎其色黑其狀如介石其神爲玄龜其竅上通於耳脾之精爲土其氣爲戊己其色黃其狀如覆缶其神爲鳳凰其竅上通於口是故脾腎心肝肺五官之司口舌鼻耳目五官之候脾之藏意腎之藏精心之藏神肝之藏魂肺之藏魄金木水火土五精之總也寒熱風燥濕五氣之聚也水以潤之火以燥之土以溽之木以敷之金以歛之此以其性言也水之冽也火之炎也土之蒸也木之溫也金之清

勿藥有喜符養之道也

也。此以其氣言也。水在下。火在上。土在中。木在左。金在右。此以其位言也。水之平也。火之銳也。土之圓也。木之曲直也。金之方也。此以其形言也。水則潤。火則華。土則化。木則變。金則從革。此以其材言也。水井溢也。火爨治也。木金器械也。土爰稼穡也。此以其事言也。夫盈於天地之間而克物者。惟此五物也。凡五物之有。不可無也。其所無。不可有也。微者養之。使章。弱者養之。使強。損者養之。使益。不足者養之。使有餘。無物不養也。無物不備也。夫是之謂和。喜怒哀懼思不

□□作骨呼應有神

敘世變遷滴處真切

能汩也。視聽言貌思不能奪也。夫是之謂太和之國。無待於意而爲醫。太和之俗。無待於養而爲藥。不以物滑和。不以欲亂情。中無載則道集於虛矣。心無累則道載於平矣。安平恬愉。吐故納新。靜與陰同閉。動與陽俱開。若是者由人而之天。合於太初之三氣矣。以之正心修身。治國家天下。無以易於此術也。吾之說盡於此矣。二子拱而退。書以識之。

神氣

子華子曰。古之至人。探幾而鉤深。與天通。心清明在

不浮且句
法蒼勁誠
可爲法

童蒙不知
西東行蹟
傾視瞑瞑
知此世俗
唯神農之
時有之

躬與帝同功是以進爲而在上則至精之感流通而
無礙以上行而際浮以下行而極幽以旁行而塞於
四表不言而從化不召而效證以其所以感之者內
也伏羲神農之世其民童蒙瞑瞑蹎蹎不知所以然
而然是以永年黃帝堯舜之世其民樸以有立職職（兵此 瞑瞑 傾○蹟 職職 植植 便、分上）
植植而弗鄙弗夭是以難老末世之俗則不然傾稱（爲○皇 下 稱 王）
文辭而實不效知謪相誕而情不應蓋先霜霰以戒
裘爐者矣機栝存乎中而羣有許心者族攻之於外
是以父哭其子兄喪其弟長短頡頏百疾俱作四方

疾瘠道有細負盲禿症偏萬怪以生所以然者氣之所感故也夫神氣之所以動可謂微矣日月薄食虹蜺晝見五緯相凌四時相乘水竭山崩宵光晝宣石言犬痾夏霜冬雷繆盭之族諸禍之物不約而總至

子華子之文每有幾句重複正文章之關鍵妙妙

所以然者氣之所感故也夫神氣之所以動可謂微矣故曰天之與人其有以相通此之謂也

晉務茲從子華子游者十有二年日相屬而言不接也業成而辭歸將隱居於五源之溪子華子曰天下之物有甚滑稽而難持者女知之矣乎疾之則脫緩

能慎與而不得人必有爲人而壞其教者故以慎與規之文字又奇崛

之則澈焉以逝非捉圜之謂也而所謂善持者能爲之於疾徐之間今女之所治吾無間然者矣然子之志則廣取而汎與者也吾恐女之後夫擇者也其將有剽女之外郛而自築其宮庭者矣登女之車而乘之以馳騁於四郊者矣取女之所以爲璧者毀裂而五分之者矣夫道固惡於不傳也不傳則妨道又惡於不得其所以傳也不得其所以傳則病道今女則往矣而思所以慎厥與也則於吾無間然者矣

子車氏之猳其色粹而黑一產而三豚焉其一則粹

借子車之
豭發論
觀[illegible][illegible]
人情妙不
可言

好非好玄
又玄此等

而黑其一則駁而白惡其與類於己也嚙而殺之決裂其脣腸糜盡而後止其同於己者字之惟謹而恐其傷也子華子曰甚矣心術之善移也夫目睽於異同而意怵於愛憎雖其所自生殺之而弗悔而況非其類矣乎今世之人其平居把握附耳呫呫相為然約而自保其固曾膠漆之不如也及勢利之一接未有毫澤之差蹴然而變乎色又從而隨之以兵甚矣心術之善移也無以異乎子車氏之豭

宋有澄子者亡其緇衣順塗以求之見婦人衣緇衣

子華子 卷三 二十三 堂策檻

急頭笑不
得他痴呆
利之悖[illegible]
誰能免此
憒憒

鄙笑世人
幸得忘償
君此之非
真是痛快

焉援之而弗舍曰而以是償我矣婦人曰公雖亡緇衣然此吾所自爲者也澄子曰而弗如速以償我矣我昔所亡者紡緇也今子之所衣者禪緇也以禪緇而當我之紡緇也而豈有所不得哉子華子曰夫利之悖心也幸於得而已矣忘其所以爲償者矣幸於得而忘其所以爲償夫何所憚而不爲之哉今世之人求其不爲澄子者或寡矣

子華子曰今世之士其無幸歟川閱水以成川世閱

世亂而治如俟河清傷時者讀之可爲

人而爲世河之下龍門也疾如箭之脫笞人壽幾何

鶴鳴九皋聲聞于天

韞韜之人有此常而危之者古雖有好能保不殂落否

而期以有待也洎古之時積美于躬如虞芮之競克惟恐其不修弗憂於無聞如擊攻鼓鍾其傳以四達繹如也今則不然荒飈怒號而獨秀者先隕霜露宵零而朱艸立槁媾市之徒又從而媒孽以髡搖之是以萌意於方寸未有毫分也而觸機穽晨布其四體未有以爲容也而得拱梏懷抱其一槩之操泯泯默默而願有以試也而漫漫之長夜特未旦也疾雷破山澍雨如霆雞喑於塒而失其所以爲司晨也人壽幾何而期以有待也今世之士其無幸歟

五源之溪不亞桃源之洞可以栖遲可以樂飢宜以此招隱

子留子築居於五源之溪、使其徒公子賔胥、見子華子於齊曰、先生之役子留子使賔胥也、敬以有請夫五源之溪、天下之至窮處也、飃吟而飃啼。且曉昏而日昳也。蒼蒼踘躍。四顧而無有人聲、雖然、其土膴膏以發。其植物也兌兌以澤。其清流四注。無乏於灌漑。其蘋艸之芼。足以供祭也。流光馳景。却顧於斷蹊絕壑之下。雲雨之所出入也。其石皺粟爛如赭霞鷸艸之芳。從風而揚。壟耕溪飮。爲力也佚。而坐嘯行歌可以卒歲。今先生之年運而往矣。而其所以蘊藏者無

[illegible][illegible]是河汾之間不吾容也而寄食於海瀕歲又弗
[illegible]其何以供億今之諸侯其地醜埒也其德齊若也
先生之車軫其將誰氏知之是以子晉子使賓胥也
敬以有請無寧先生而肯照臨於山溪之中將使斯
人也耳聞而目明先生豈無意於此乎子華子曰儞
歸而語而夫子矣而以所以屬於我者渠渠不忘於
我之心鼎鼎如也吾聞之太上違世其次違地其次
違人而之所志其違地矣乎曩者吾有緒言於會矣
曰我必死爾以吾骨反而涉河以從吾先人於苓塞

之下我之意也已有所在矣不得而從於爾之求矣夫志之所存雖逖而親雖鈌而成疆裂壤斷不吾間也而今而後吾之神爽坐馳於五源之間而亦將朝夕而惟余是從吾何必往也嘻來賓胥我之不得進

各適其適不可相強

猶而夫子之不得來也詩不云乎莫往莫來使我心疚吾之與而夫子也其弗覿矣乎

子華子自齊而歸召子元而詔之曰來爾會而小子其謹志之昔吾之宗君爲周日正周公作成周定鼎於郟鄏修和周郊於是吾之宗君薦其所以爲祥者

晉國辞命

其族有三曰井里之璞也曰大山之器車也曰唐叔異畝之禾也唐叔得禾異畝同穎吾之宗君請以爲獻王命分寶玉于魯公時肅愼親歸禾於周公作歸禾周公旅天子之命作嘉禾是以吾之宗君始有蒲璧以朝作程典令其顯庸書在故府逮宣王之時吾之宗君入董六師爲王虎臣是曰司馬司馬之后凡九世而其子孫或播居於汾河之間十有一世而國弃於溫先大夫宣王之棄世也背違其羣而吾之宗君厥有大造於趙宗如瓜苗之有衍我是以庇其榮

聽其自息而無忝宗君之忝自善繇此者

而食其實及吾之身雖不得於簡主而趙則真吾姓之所宗氏也今主君之為人強毅而法能忍詬而無匱挺挺而不回且受人之規言其將光啓于趙氏之業而大其前人吾且老矣而不得以相其成來爾會而小子其謹志勿其勿有二心以事主君惟是窀穸之事吾之所以后其先人者弗儉弗侈允釐其中其勿以世俗之垢昏而以浼我之所修乃若爾會之所以自勖者則惟無宗君之忝其於我亦預有無窮之聞來爾會而小子其謹志之

子華子卷下終

明·郎兆玉點評、石九鼎參閲、郎斗金糾譌

子華子二卷

明刊《諸子褒異》本

子華子序

護左都水使者光祿大夫臣向言所校讎中子華子書凡二十有四篇以相校復重十有四篇定著十篇皆以殺青書可繕寫

子華子程氏名本字子華晉人

也晉自頃公失政政在六卿趙簡子始得志招徠賢儁之士爲其家臣子華子生於是時博學能通墳典丘索及故府傳記之書性闓爽善特論不肯苟容於諸侯聚徒著書自號程子名稱

籍甚聞於諸侯孔子遇諸郯歎
曰天下之賢士也簡子欲仕諸
朝而不能致乃遣使者奉纁幣
聘以爲爵執圭是時簡子殺竇
犢及舜華孔子爲作臨河之操
子華子亦逡巡不肯起簡子大

怒將脅之以兵子華子去而之齊齊景公不能也子華子館於晏氏更題其書曰子華子簡子卒襄子立子華子反於晉時已老矣遂不復仕以卒今其書編離簡斷以是門人弟子共相綴

隨記其所聞而無次敘非手故
所著之書也大抵子華子以道
德爲指歸而經紀以仁義存誠
養操不苟於售唯孔子然後知
其賢齊大夫晏平仲與之爲久
要之交當時諸侯以勢相軋爭

結怨連禍日以權譎爲事子華
子之言如持水納石不相讎答
卒以不遇可爲酸鼻謹日錄臣
向昧死上

子華子凡例

一是書漢劉向所進止有十篇因身沒散佚弟子
綴集遂存什之一朱子疑後世所託非先秦古
書葢謂漢藝文志無子華子故也然玩其詞直
踞秦漢之上斷非贋託向云無次敘非子故所
著之書或有之耳

一本得之吉藩乃其傳謝次韶所校讐無一字差
訛較舊刻自辨

一批評經先輩名公手裁者絕少每一展卷細心

抽繹直抒胸臆所見洗盡套語纂本如百子評

林百子咀華諸子品節三十六子玄言春秋戰

國文選中有可擇亦捃收焉以備全覽

一圈點寧嚴毋濫或一語義括全章或數語通篇

呼應則用密△圈或語屬剏獲或義入精微則

用密圈至于文理條達者祗用讀圈具眼者當

自賞鑑

堂策檻主人識

子華子目錄

天瑞若虛都涉窅冥此獨闡發陰陽歸本一中斡運前詩發前人未發之蘊

子華子

武林郎兆玉元甫評
友石九鼎思治參閱
男郎斗金公宣糾譌

陽城胥渠問

陽城胥渠因北宮子以見子華子曰胥渠願有所謂也夫太初胚胎萬有權輿風轉誰轉三三六六誰究誰使夫子聞諸故記者審矣其有以發也胥渠願承其餘子華子曰噫嘻本何足以識之請以嘗試言之

于、曠 清、風 閑 訳 用 此 二、語 呼 虛 可 見 古

子華子 上卷 一

太陽居一其數九九非三三乎太陰居四其數六六非六六乎此之陰陽變化循環不過衍此□頃

以得○首○虎○全○位○布○局

而予亦嘗試而聽之夫混茫之中是名太初實生三氣上氣曰始中氣曰元下氣曰玄玄資於元元資於始始資於初太眞剖割通三而爲一離之而爲兩各有精專是名陰陽兩兩而三之數登於九而究矣是以棲三陰之正氣於風輪其專精之名曰太玄棲三陽之正氣於水樞其專精之名曰太一太一正陽也太玄正陰也陽之正氣其名赤陰之正氣其色黑水陽也而其伏爲陰風陰也而其發爲陽上赤下黑左青右白黃潛於中宮而五運流轉故有輪樞之象焉

鼎平風雷全是一中主張批題之數

水涵太一之中精故能潤澤百物而行乎地中風涵太玄之中精故能動化百物而行乎天上上赤之象其宮成離下黑之象其宮成坎夫兩端之所以平者以中存乎其間故也中名未立兩端不形是以坎離獨幹乎中氣中天地而立生育萬物新新而不窮陽氣爲火火勝故冬至之日燥陰之氣爲水水勝故夏至之日濕火則上炎水則下注鳥飛而上魚動而下物類相動爰本相應孰究其所以來誰使其所以然因其然也然不然也然乎然不然乎不然吾亦不知

說中寫不
得和兼樂
之最爲周

澤液涎淚
皆水可悟
源之功吹
噓吐納皆
遺甚識生
之重

其所以然也夫是之謂萬化原上決而成天下決而成地既已決也命之曰中決必有所合也命之曰和中和玄同萬物化生夫是之謂三三六六陽城胥渠曰微夫子之言吾幾於不盡子華子曰噫嘻本何足以識之請以嘗試言之而子亦嘗試聽之

子華子曰夫道一也我與道而爲三矣而我之百骸九竅毛髮膏澤臓腑肝膈吹噓吸引滋液吐納無非道也自此以往大撓甲子所不能紀也是故道立於一而萬物之變也百事之化也散而爲萬殊裔裔而

迫生不如死說得毬果動人

無涯古之知道者務全其生務全其生者不亡其所有也不亡其所有者道之守也道之守者神之舍也是故全生者爲上虧生者次之死次之迫斯爲下矣所謂全生者六欲皆得其宜也所謂虧生者六欲分得其宜也夫虧生則於其所尊者薄矣其虧彌甚則其尊彌薄所謂死者無有所知而復其未生也所謂迫生者六欲莫得其宜也皆獲其所甚惡者也辱莫大於不義不義者迫生也故曰迫生不如死人之常情耳聞而目見也耳聞所甚惡不如無聞目見所甚

譏神鼎之誣議論正大儒家之言也

不欲不如無見是以迅雷則掩耳恐故也所貴乎嗜粱肉者非腐鼠之謂也所貴乎飲醪醴者非敗酒之謂也所貴乎尊生者非迫生之謂也夫迫生之人覉窮而歸故曰迫斯爲下矣

公仲承問於程子曰人有常言黃帝之治天下也百神出而受職於明堂之庭帝乃采銅於首山作大爐焉鑄神鼎於山上鼎成羣龍下迎乘彼白雲至於帝鄉羣小臣不得上升攀龍之胡力顫而絕帝之弓裘墜焉於是百姓奉之以長號名之曰烏號之弓而藏

著衣冠之舉者有欲謂也當主陵在無体魄矣藏其衣冠于橋山亦何爲哉解此義者豈復爲方士所惑

其衣冠於橋山（陵或作）信有之乎程子曰否甚矣世之好譎怪也聖人與人同類也類同則形同形同則氣同氣同則知識同矣類異則形異形異則氣異氣異則知識異矣人之所以相君長者類也相使者形也相管攝者氣也相維持者知識也人之異於龍龍之異於鼎鼎之異於雲言之辨也惡足以相感召而實使之耶其不然也必矣世之好譎怪也吾聞之太古之聖人所以範世訓俗者有直言者有曲言者直言者直以情貢也曲言者假以指喻也言之致曲則其

常言皆譎怪之詞共用四句人之好譎怪也

章法絕妙

四

人好譎怪苟非知者誰正誰止

深訶金解明晰自令論怪之徒咋舌

傳也久傳久而僞則知者正之譌甚而殽亂則知者止之夫黃帝之治天下也其精微之感蕩上浮而下流故爲百福之宗爲百福之所宗則是百神受職於庭也帝乃采銅者鍊剛質也登彼首山就高明也作爲大爐鼓陽化也神鼎熟物之器也上水而下火二氣升降以相濟中和之實也羣龍者衆陽氣也雲者龍屬也帝鄉者靈臺之闕而心術之變也帝之謂所類也形也氣也知識也雖與人同爾然而每成而每上也每成而每上則其精微之所徹達神明之所之

假以借喻醒聾世迷

道照見忝達君臣情

評

適其去人也遠矣羣小臣知識之所不及者也攀龍之胡有見於下也不得上升無見於上也有見於下無見於上者士也上下無見者民也弓裘衣冠名帝所以善世制俗之具也民無見也懷其所以治我者而已矣故帝之逝也號以決其慕藏以奉其傳此假以指喻之言也而人且亟傳之以相誑欺甚矣世之好譎怪也千世之後必有人主好高而慕大以久生輕舉而爲羨慕者其左右狡詐希寵之臣又從而逢之是將甘心於黃帝之所造者矣夫人之大常生而

少壯轉而爲衰老轉而爲死亡聖凡之所共也上知之所弗幸免焉者也且自故記之所傳若存而若亡大庭中黃赫胥尊盧以來所謂聖人者不一族吾誠恐大圜之土嶢榭聯累雖處什伯不足以處也而復何所主宰臣何所使而其昏昏默默以至于今也是不然之甚者也然而世之人知者歆羨愚者矜跂甚矣世之好譎怪也夫周之九鼎禹所以圖神姦也黃帝之鑄一禹之鑄九其造爲者同而所以之適爲者頗異是可以決疑矣且世之傳也不惟其傳昔宋有

丁氏家故無井而出溉汲焉常一日而一人居外懲
其如是也鳩工而穿井于庭家相與語曰今吾之一穿
井得一人矣有聞而傳之者曰丁氏穿井而得一人
也國人更相道之語徹于宋君宋君召其人而質之
丁氏對曰自臣穿井家獲一人之力非得一人於井
也是故黃帝之鑄神鼎是井中人之譬也知者正之
是宋君召其人而質之之譬也千世之後必有人生
好高而慕大以久生輕舉而爲羨慕者其左右狡詐
希寵之臣又從而逢之是將甘心於黃帝之所造者

孔叢子首之論畢云偽詖此誣剿之纂無可貶點然者固而言亦覽司馬子長禮書不免煩冗

矣此吾所以反之復之而不能已者也小子志之

郯子以達于禮聞于諸侯子華子亟往從之見郯子焉子華子曰異乎吾所聞夫禮先王所以定之也非所以揺之也夫禮先王所以開之也非所以暴之也青黄黻黼（或作黼黻）文章之觀盡而五色渝宮徵還激生生之聲足而八音涓陸有纚罝水有網罟而飛羽伏鱗無以幸其生矣詩不云乎潛雖伏矣亦孔之昭今郯子非徒揺之也又從暴之也郯子而達於禮樂異乎吾所聞肅駕而起遵塗而歸

孔子華子不仕簡子分明無臨河忍济者同得出處之正宜其語終日不倦也

孔子贈

子華子反自郯遭孔子於途傾蓋而顧相語終日甚相親也孔子命子路曰取束帛以贈先生子路屑然而對曰由聞之士不中間見女嫁無媒君子不以交禮也有間又顧謂子路子路又對如初孔子曰固哉由也詩不云乎有美一人清風婉兮邂逅相遇適我願兮今程子天下之賢士也於斯不贈則終身弗能見也小子行之

子華子曰惟道無定形虛凝爲一氣散布爲萬物宇

吾諸往古來今謂之宙四方上下謂之宇惟此能旁闢乾坤

宙也者所以載道而傳焉者也萬物一也夫孰知其所以起夫孰知其所以終凝者主結勇者營散一開一斂萬形相禪太古之時澹泊恬愉鹿聚而麕居其知徐徐其樂于于夫是之謂宇有無以相反也高下以相傾也盛盈衰息以相薄也龐洪蘆符以相形也由是以生由是以死由是以虧由是以成夫是之謂宙宇者情相接也宙者理相通也是故惟道無定形虛凝爲一氣散布爲萬物宇宙也者所以載道而傳焉者也

賞罰恭者正令也其所以能行者精誠也文子子辭不約而同引譬極切五句球字厗文容增賦一字

子華子曰夫言之所以感爲響響欲絶而感巳移意之所以將爲思思未革而事前輟何則精神之所弗包焉故也七十九代之君法制不一號令不齊而俱王於天下明旌善類而誅鋤醜厲者法之正也其所

存誠是子華矯世權譎心事

以能行焉精誠也精誠不自則無以王矣其在後世以急刻而責恕以譎僞而課忠言非其願意非其眞而傒人之弗叛悲夫是正坐於夕室也是白之懸而黑之募也是縱櫂於陸而發軔於川也其亦不可以幸而幾矣是以欲治之君將以有爲於是者必先正

推誠天下從之如響應聲影像形古人斷不我欺

辭令逼似左國

其本術定其精而不擠保其誠而弗虧夫然後出言以副情端意以明指世雖亂也俗雖汙也而曰感不效於影響者吾斯之未能信

子華子居於芩塞趙簡子將用之使使者將幣於閭曰寡大夫之使使下臣敬修不腆以勤先生之將命者子華子反幣再拜以肅使者而進之於庭又拜而授辭曰主君之民某如獲罪戾其敢逃刑以其弗嗇之故而適抱薪纏之憂疾且有閒則我請造於朝其敢重辱我主君之命使者曰寡大夫且有緒言使下

北宮子之論爲不正

臣敬致諸執事惟是晉國之寵靈願與先生共之先
生不違勤而貺以行請祿從者以爵執圭于華子沒
階而進再拜而言曰主君之民某未有職業於朝也
且有惡疾不堪君之命弗敢以與閽再拜而送使者
於門反其室聚務將行其弟子族立而疑北宮子曰
意聞之身修於私名升於公古今之通誼也主君國
之宗卿也政所自出以禮交而弗答無乃不可乎子
華子曰意吾以爾爲可以忘言也而猶有萌焉夫萌
於中必形於外其意之謂矣且彼召我者夫豈徒然

九

惟賢法聖村徑自不斷刎

哉必有以處我者矣爲人之所處者不得安其所自處矣是故古之人慎於其所以處也昔者吾友自鄒聞語於孔子屬屬焉不忘於心孔子之所志其過人者遠矣日者主君之召也孔子轍環於河滸而弗肯以濟援琴而寫志命之曰臨河之操其辭曰河之水洋洋兮丘之不濟此命也夫孔子之所以弗至是乃我之所以行也意吾以爾爲可忘言也而猶有萌焉夫以小人之所察而量君子之心意爾其殆矣北宮子遂强以見趙簡子簡子聞子華子至再拜而迎曰

譬得妾姥
宜者有以辟
禍

望之薄龐
士无何以

不穀得奉社稷之靈以撫有四封之内先君有禮所以貺賓客而交際之紀廬人實典治之吾子辱而在於敝邑有日矣以歲之不易而隸人有朝夕之虞廩致戎邑方三四十里若五六十里以爲芻秣之共吾子其曲意以臨之子華子曰臣也不武年運而往矣顛毛種種懼不任君之事以爲司敗憂也君有四圉以扞四方臣弗堪也明日子華子行食於芰亭之口北宮子曰秦未有失也絕人之善意而又刮迹以去之夫子所以責人者太察矣子華子曰然非爾所及

不懼于昭烈要知簡子志大求遠必有难副者刮迹以去其覓張之作也與解不爲係五臣人品可知 悅丑不同爲之難怖

也夫秦君之志大而求遠其所以望於我者厚則吾

遠○應○晋○回○弗○共○善○寫○出○不○生

情由

無以堪其求矣且爾亦聞牧野之事乎周之六師壓郊而陳武王韈係解焉有五臣者將受誓事於前王顧而使之係五臣者相目而對曰臣之所以事君王非爲係韈者也王不得已乃釋旄鉞而親係之夫人君能致其臣能有所不爲然後可以責之以有爲人臣能有所不爲然後能無不爲也本也未能無不爲者也能有所不爲矣

子華子違趙趙簡子不悅燭過典廣門之左簡子召

爾語之以其故燭過對曰彼庶人也而傲傷公上法所弗寘也且無以爲國矣簡子曰而十以兵之燭過至苓寒子華子之行者五日矣燭過反命曰無及也簡子悔之使使者於齊而使董安于寓書以招之子華子稽首而來再拜以肅使者于庭而授之辭曰主君之亡臣某不能束修越在諸侯以爲主君憂臣聞之物扃於所甘士扃於所守主君之亡臣不佞而有四方之志其敢以爲執事者之所辱夫丘陵崇而穴成於上狐狸藏矣溪谷深而淵成於下魚鱉安矣松

意婉而辭悴切而毅感動簡子之懷

栢茂而陰成於林塗之人則蔭矣主君之亡臣不佞實有隱衷唯執事者昭明其所存如日月之升以光燭於晉國將四海之士重繭狎至以承主君之令聞夫豈惟亡臣亡臣雖復野死以實溝洫其敢忘主君之賜惟報事者財幸焉簡子得書召無恤而戒之曰燭過小人也實使我獲罪於本吾且死汝必反之慎不忘也襄子曰諾

大意欲遊守死以宗

北宮子仕

北宮子將仕於衛子華子曰意來子之所以自事其

之學功詆願違惡之非聲法有出乎法無不盡妙

皆知善之爲善斯不善已獨得宗亂

心者亦嘗有以語我乎北宮子曰意未得以卒業也

以是樵蘇之弗繼糊其顧頫於人雖然謹志其所欲（一篇議論俱從此）

爲於善而違其惡也庶幾於完子華子愀然變乎容（二句生出）

有問曰意是何言歟善奚足願而惡奚足違吾語若

聖人不出天下潰潰日趨於迷欲以有巳而卒於喪

巳欲以達之於人而卒於失人凡以善故王者作興

將以濯滌今世之惛怓去善其殆可乎哉善弗去亂

未艾也而又奚以善爲北宮子曰嘻有是哉願畢其

說子華子曰人中虛圓不徑寸神明舍焉事物交滑

行破此關神明之舍

少私寡欲何等澹泊

去羨去慕實尽高際

如理亂棼如涉驚濤一則以之怵惕一則以之忌諱一則以之懲創是則一日之間一時之頃而徑寸之地如炎如冰矣夫所謂神明者其若之何而堪之神弗寧則靈明弗居則耗而又奚以善爲古之知道者泊兮如太羹之未調謐謐兮如將孩隨推而遷因蕩而還其精白津津若遺而復存其神明休休常與道謀去羨去慕孰知其故今子之言曰謹志於爲善則不善者將誰與耶達子之所惡則惡將誰歸耶子而勿受歸而勿納則必有忿悁之心起而與我立敵矣

怒者多失
忍者必全
是道師不
嘗爲引

以我矜願之意而接彼忿悁之心何爲而不鬬鬬且不止小則罵淩詬誶大則碎首穴胷夫以若之言而幸於完其幾於殆矣北宫子曰嘻若是其甚也子華子曰有甚哉吾語若禍之所自起亂之所由生皆存乎欲善而違惡今天下老師先生端弁帶而說乃以是召辟也學者相與熏沐其中扃而亦唯此之事是事禍也父以是故不慈子以是故不孝兄以是故不友弟以是故不共夫以是故不帥婦以是故不從君以是故不仁臣以是故不忠大倫蠹敗人紀消亡結

數子皆得所欲而違所惡者否豈不可况不能得所欲乎

轍以趨之而猶恐其弗及也悲夫石碏欲完其名而殺厚公子輒欲專其國而拒蒯聵寤生克段忽出而突入季友鴆慶父叔向誅鮒雍糾之妻尸糾於朝莊（或作叔）仲子欲託其帑於魯而先爇其室先君厘公一言而殺三郤華督父弃忽（或作忍）於輿夷毛舉其目尚不勝爲數也是皆名爲求得所欲而能違所不欲者矣然大倫斁敗人紀消亡結轍以趨之者而猶恐其弗及也悲夫吾語若亂之所由生禍之所自起皆存於欲善而違惡夫人之中虛也不得其所欲則疑得

[illegible]能[illegible]想[illegible]於無[illegible]至於孝弟忠貞之効皆從不疑得來可謂探得驪龍頷下珠

中說權衡一段借喻最可儒家未有此精

其所不欲則惑疑惑惑載於中虛則荊棘生矣父不疑於其子子必孝兄不疑於其弟弟必共夫不疑於其婦婦必貞君不疑於其臣臣必忠是還至而效者也百事成而一事疑道必廢三人行而一人惑議必格大道之世上下洞達而無疑志堯舜三代之王也無意於王而天下治所循者直道故也是以天下和平天下之所以平者政平也政之所以平者人平也人之所以平者心平也夫平猶權衡然加銖兩則移矣載其所不欲其爲銖兩者倍矣故曰矜功者不立虛

核

又起善不可以有爲真絶處參差

願者不至非惟不足以得福而行又以召禍故吾不悅於子之言今子亦平其所養而直以行之何往而不得何營而不就而又奚以善爲且善不可以有爲也堯曰若之何而善於子之事舜亦曰若之何而善於子之事是上與下爭爲善也上與下爭爲善是兩實也兩實則烏得平平不施焉則惡得直失其所以平直則堯無以爲堯矣舜無以爲舜矣吾子謹志於堯舜也而又奚以善爲

奚以善爲凡數鎖機局甚妙

非宮子之衛主於叔車氏叔車氏有寵於衛君國人害其嬖而將討之北宮子謂

烹阿賞即墨直超軼千古同於

然歎曰吾爲是違夫子之言也是以獲戾於此也吾何以衛爲致其所以爲臣而歸

晏子治阿三年毀聞於朝公不悅召而將免焉晏子辭曰臣知過矣請復之三年而譽國善之謠言四達公將致其所以賞晏子辭焉公曰何謂也晏子對曰昔者臣之所治君之所當取也而更得罪焉今者臣之所治君之所當誅也而更得賞焉非臣之情臣不願也子華子聞之曰晏子可謂直而不阿者矣晏子之辭受其可以訓矣齊之蕪也固宜夫人之常情譽

左右之情同則譽之助之愛之友而憎濟毀矣至苞苴公行朋比互市王不之覺宜景公之接踵也寧獨齊之國蕪耶

同於已者助同於已者愛同於已者愛之反則憎必有所立矣助之反則擠必有所在矣譽之反則毀必有所歸矣然而人主不之察也左右執事之臣從而得其所欲爲則不禁也世之治亂蓋常存乎兩間齊之蕪也固宜

子華子曰元太初之中氣也天帝得之運乎無窮后土得之溥博無疆人之有元百骸統焉古之制字者知其所以然是故能固其元爲完其之完殘其所固爲寇賊之寇加法度焉爲冠冕之冠故曰殘固之謂

寇毀賊則爲賊夫穿垣竇發鍋鑰其盜之細也夫

虎會問

虎會以其私問於程子曰主君何如主也程子曰昔堯舜在土塗說而巷議所不廢也是是非非之謂士

傳曰辨然否謂之士不能是是非非可謂士乎

試爲吾子推言之本也不敢以古事爲考先大夫文子之志也好學而能受規諫立若不勝衣言若不出口身舉士於白屋之下者四十有六人皆能獲其赤心公家賴焉及其歿也四十有六人者皆就賓位是其無私德也夫好學知也受規諫仁也無私德焉忠

唯虛受盈汪洋之度有自來也人主須具如是觀之

也江之源出於汶山其大如甕口其流可以濫觴順沿而下控諸羣荆廣袤數千里方舟然後可以濟此無他故也所受於下流者非一壑也夫先大夫文子其訓於是矣是以有孝德以出公族有恭德以升在位有武德以羞爲正卿用能光融於晉國顯輔其君以主盟於諸侯天下賴其仁兵猾之不試者垂十許季今主君懋其勳庸而光賁於趙宗無以則先大夫文子是焉取則尚德率義以弘大其光烈其將有譽於四方也乃若范氏中行氏弗自克也而以覆其宗

名言可勒座右

卿此則主君之所知也虎會曰辯矣夫子之言願少進也會得間而謁諸主君庶幾其有瘳程子曰詩不云乎王欲玉女是用大諫夫糾其邪志而濟其所乏是忠臣之所畱察也吾子其勉行之矣本聞之山有猛虎林樾弗除江河納汙衆流是潴昔者秦穆公以秦之士爲不足也起蹇叔於宛迎丕豹於鄭取由余於戎拔百里奚於市用强其師以伉慧懷于斯時也晉國翦焉惟秦是從是故國以士爲筋幹不可以不察也今主君之未得志也有賓叔子者推其後而進

十七

敘二子字法工琢無不道古

之有舜華者挽其不及而使之當於理有吾丘鳩者展布四體以爲紀綱之僕本聞之賓叔子之爲人也强毅而有立方嚴而不剉其事主也齊戒祓濯而無有回心舜華多學而強記恥其所聞不惠於古初其立論挺挺而不可以奪吾丘鳩年十有五而始以勇力聞及其壯佼也四鄰畏之能以人投人以車投車其視太行之險猶之步仞之丘此三臣者舉晉國之選也主君之所與懋昭其庸而光賁于趙宗者也公室六分河山之間𪓟析而鼎立范氏中行氏不庇其

以三子之賢尚不保其後靡不有初鮮克

有終信終信然

社而頗其宗主君之所不刊則繫此三臣之助今無故而戮叔子矣又斃舜華於野以罪名不聞於國人吾丘鳩恐焉畏糧而之於他國主君其未之思耶何其首尾之剌戾也如是則主君之所以遠於大競者也吾子主君之信臣也夫人誰無過過而能改心焉聖人之所畏也今吾子能弗憚煩而以其耿耿之思務以箴主君之闕遺將國人是賴吾子其勉行之矣

子華子見齊景公公問所以爲國奈何而治子華子對曰臣愚以爲國不足爲也事不足治也有意於爲

無爲之旨晏公爲是

以語之道太古之治於景公猶一央而已然此篇事瑞鼓舞汪洋自恣景公听之猶吕拂吾之陋心信哉其可以拂陋巳

請詔二字未經人道

則狹矣有意於治則陋矣夫有國者有大物也所以持之者大矣狹且陋者果不足以有爲也臣愚以爲國不足爲也事不足治也公曰然則國不可以爲戾乎子華子曰非然也臣之所治者道也道之爲治厚而不薄敬守其一正性内足羣衆不周而務成一能盡能旣成四境以平唯彼天符不周而周此神農氏之所以長也堯舜氏之所以章也夏后氏之所以勤也夫人主自智而愚人自巧而拙人若此則愚拙者請矣巧智者詔矣詔多則請者加多矣請者加多則

重塞之國即漆園所云重傷之人

是無不請也主雖巧智未無不知也以未無不知應無不請其道固窮爲人主而數窮於其下將何以君人乎窮而不知其窮又將自以爲多夫是之謂重塞之國上有諱言之君下有苟且之俗其禍起於欲爲也其禍起於願治也夫有欲爲願治之心而獲重塞之禍是以臣愚以爲國不足爲也事不足治也昔者有道之世因而不爲責而不詔去想去意靜虛以待不伐之言不奪之事循名覆實官庀其司以不知爲道以奈何爲實神農曰若何而和百或作萬物調三光

橦夫豎隸且然奚能使便辟不食其意

堯曰若何而爲日月之所燭舜曰若何而服四荒之外禹曰若何而治青北九陽奇怪之所際是故此王者天下以爲功後世以爲能以故記之所道而君之所知也臣戇而不知方始而至於朝也竊有疑焉齊之所以爲齊者抑以異矣鍾鼓柷圉日以抎考而和聲不聞司空之刀鋸斷斷如也而罪呂滋長諸侯之賓客胥其脣吻而爭進諛言左右在廷之人主爲蔽蒙僮夫豎隸曉然皆知公上之有惰心也造爲歌謠以蠱君心君曾不知之也冕旒淸晨位宁以聽愬焉

歷指出斉不治情狀歸本君之勝心直刺病根凡有心者何不洒然一变

事君一術也須如此引誘

以古人自稱君之心則泰矣夫其誰而顧肯以其一介之鄙試嘗君之嗜好而以干其不測之禍臣戇而不知方始而至於朝也竊有疑焉夷考所由來以君之心勝故也心勝則道不集矣羣臣之不肖者又隨而揚之故其弊日以深其固如性而君曾不之知也夫以君之明疏瀹其所底滞而開之以鄉道夫孰能禦之抑臣聞之萬物之變也萬事之化也不可為也不可究也因其言而推之則無不得其要者矣故臣愚以為國不足為也事不足治也公日洋洋乎而之

子雲之駕說本此

孔席不暇煖應是如

所以言吾欲以有說而無所措吾辭而之道傳大而無倪吾所不能爲也嘗曰有以拂吾之陋心子華子退而食於晏氏

子華子往見季沈季沈曰自吾從於夫子也轍迹不遺於四國未有終歲以處也夫子亦勤且病矣哀也鄙人不逼於夫子之量天下失道黑白溷溷而吾夫子駕其說將安之哀將有以請而弗敢也願質之於吾子子華子曰然仲尼天也其可違物而莫處乎其可絕物而自營乎日月不宇宙四指必迷所鄉矣仲

此心事

欲學季子不可必從有所可上岂免自聖人則不可以飄大然誠然

從古來談蔽賢之禍唯此痛快

尼人之準繩也仲尼之轍迹則病矣而亦皇暇之

季沈曰敢問吾子之不試何也子華子曰本也何足以望夫子夫子軫方而轂圓者也將無乎而不可我則有所可也夫以我之所可而從夫子之無乎不可逝將從其後也

晏子

子華子謂晏子曰天地之間有所謂隱戮者而莫之或知知之者其幾於道乎晏子曰何謂也子華子曰天地之生才也實難其有以生也必有所用也如之

天生寳玉材木猶且愛惜則其於賢人可知蔽賢者拂天此隱戮所必加也

何其將擁之蔽之而使之不得以植立也天地之所大忌也日月之所燭燎也陰陽之所扤移也鬼神之所伺察也是以帝王之典進賢者受上賞不薦士者罰及其身善善而惡惡其實皆衍于後嘗試觀之夫物之有材者其精華之藴神明之所固護而祕惜不可以知力窺也蒙金以沙囿玉以璞珠之所生漩栢之淵而隈澳之下也豫章楩柟之可以大斲者必在夫大山窮谷屛顔嶇峿之區抉剔之掎摭之剞削之苟不中於程度則有虎狼蛟鼉虺蜴之變雷霆崩墜

鬼神亦欲人處高間祿而讓貧今蔽斧拂其所欲窒不為其所殛

覆壓之虞何以故天地之生才也實難其有以生也必有所用也如之何其將壅之蔽之而使之不得以植立是謂之違天而黷明違天而黷明神則殛之雖大必折雖炎必撲荒落而類圮敗而族夫是之謂隱戮隱戮也者陰隲之反也如以匙勘鑰也如以璽印塗也必以其類其應如響晏子曰駭乎哉吾子之言也嬰也願遂其所以聞子華子曰大夫無甚怪於余之所以言也余之所以言其有以云也今夫人之常情爲惡其毀也成惡其虧也於其所愛焉者則必有

悋固之心悋固之心萌於中虗卒然而攻其所甚愛則必曾起而爭爭而不得則必氣沮而志奪氣沮而志奪則拂然而怒填乎膺拂然而怒填乎膺則將無與爲敵者矣天地之所以生材也甚愛之甚惜之則其所以有悋固之心曾何以異夫人之常情世之人莫之或知也徒恃其胸腹之私與其狡譎變詐之數翕翕而訿訿巧觝而深排規以幸人不巳勝也夫人之勝人也何有天地之鑒也神明之照也甚可畏也甚可怖也如使之氣沮而志奪拂然而怒以克寒乎

叙三師之一 蔡問閣 有法

兩閒偏倶厎壓聚而爲陰陽之罰其中於人也必慘矣是必至之勢而無足經怪者悲夫世之人莫之或知知之者其幾於道矣本也晉國之鄙人也嘗得故記之所以道者矣昔先大夫欒武子之在位也夙夜靖共矯枉而惠直不忘其職守而以從其君厥有顯聞布在諸侯之冊書逮其嗣主則不然弗類于厥心放命以自賢怙寵專權翦棄人士圖以封殖于厥躬國人疾視之如日有眯焉日移其志以速厥罰欒氏以亡昔先大夫隨武子之在位也明眷以博識晉國

二十三

劉向歷九參寺有云爬位之畫然知者去之其姿之客餘亡出是之是古人曼得意

書上者

之儁老也然且歆（或作愔）焉而不自居惟曰余有所不見惟曰余有所不知惟曰余有所不闇瞑有所志且而升諸公是以晉國之士無遺其材者用能光融昭著以有立於朝父子兄弟以世及也而爲晉宗卿逮其嗣主則不然嚚嚚自庸而巧持其非心毀本塞原甚於虺且惟訣佞之小夫是暱是用絜然知者遠之洒然善者伏藏以在下日移其志以遠厥罪范氏以亡昔先大夫中行文子之在位也援識俊良振其滯淹人之有技能如出於厥躬恪謹弗解惟力是視是

奇

三晉已亡得總束之此大方家云云

以能相其君以尋盟諸侯逮其嗣主以苛爲察以訐爲明以刻爲忠以計多爲善以聚斂爲良崩角摘齒恐人之軌已也門如鬧市惟利是視憸人乘間而會逢其惡極其回邪如鬼如蜮日移其志以速厥罰中行氏以亡凡此三主者晉國之世臣也所謂崇蘊穹隆而不遷之宗也而又其先大夫皆有玄德以媚于上下神祇其在嗣主荒墜厥訓用以覆宗滅緒餒其先靈而不得以血食于晉國無他故也恃其盛强昌熾而蔑棄於理憑人而勝天臧枝於中而以之違天

儆世家說司卑族士歷名警策

介者過誤兩引警當

地之所恪罔是以其酷如是也而況於單族後門之士竊人之爵祿而邀覬於一時之幸虛僞而猜疑且懼人之出於其上也疑似之迹未明伺異之志未講而壅之蔽之使之不得以植立也則其得禍也必有深於晉之三王者矣夫築垣墉者務其高而不務其實高而不隱仍而甚傾之矣以兩手而揜人之聰明自以爲得也而不知其聾瞽之疾已移於已也悲夫夫豈不爲之大哀矣乎晏子曰駭乎哉言也微吾子嬰無所聞之嬰也請刻諸佩觽以志其不忘也

一人作時何自勸治何得使公族顛沛至此

晏子問於子華子曰齊之公室懼卑奈何子華子曰夫人之有欲也天必隨之齊將卑是求夫何懼而不獲昔者軒轅二十五宗故黃祚衍于天下于今未忘也宗周之王也姬姓之封者凡七十夫指之不能率其臂猶臂之不能運其體也今齊自襄桓以來斬斬焉朝無公姓野無公田帶甲横兵挾轂而能戰非公士也結緌纚纚位列而籍居非公臣也公族之子若其孫散而之於四方惟董隸是伍公所以與俱者自有肺腸者也於詩有之豈無他人不如我同姓何以

是踽踽而以臨於人上也齊將甲是求夫何匱而不
獲今之人分財賄而設鉤策焉非以夫鉤策者爲能
均也使善惡多寡無所歸其怨也是以聖人窮造物
以爲識量然且龜卜筮蓍以爲决所以立言於公也
聲出而應律身出而協度然且權量尺石以爲器所
以立正於公也義識而理訓舉天下無敢以咨其議
然且書契章程以爲式所以立信於公也德澤汪濊
威制宏遠盡四海之大無不亙紨然且法度禮籍以
爲卑所以立義於公也今齊則不然所以爲國舉出

學者說入

謂法而歸于無爲則作法猶任道也

以自然爲宗斯爲善

於私矣非止乎此而已也而又公歛其怨私受其福矣公竊其名私享其實矣齊之忘於公室也非一日也故齊將畢是求夫何懼而不獲

子華子曰昔先王之制法也有本衍焉有末度焉因而弗作守而弗爲去羨去慕與四時分其斂與寒暑一其度不言而民以之化不令而民以之服是以能因則大矣能守則固矣夫有心於作法之細也作而刻其眞法之原也法也者制世之麤迹也而且不可以容心焉而况於營道術乎於傳有之循道理之數

而以輔萬物之自然六合不足均也七十九代之君

其爲法不同而俱王於天下用此道也

朝有黨患良在近者日益疏則在遠者自疑畏不敢進故篇中畢主遊士說

子華子

武林郎兆玉點評

友石九鼎[illegible]浩參閱

男郎璧金公府糾譌

晏子問黨

晏子見於子華子曰、日者嬰得見於公、公惡大羣臣之有黨也、曰子將何方以弭之、嬰無以應也、吾子幸教以所不逮、虛心以承、子華子曰、噫、君之及此言也、齊其殆矣乎、游士之所以不立於君之朝、以黨敗之

互相繫援死而后已此輩誠可深恨然有傳村遏絕人倫者方足發露其中間修則不與同惡從學不諳士大自此朋黨所爲

上惡朋比近臣始得以乘間抵巇爲定於七十篇乎

也人主甚惡其黨則左右執事之臣有以藉口矣夫左右執事之臣其託寵也深其植根榦也固背誕死黨之交布散離立聯累羅絡而爲之疏苟非其人也則小有異焉者不得以參處乎其中間也士以廉潔而自好者夫孰肯舍其昭昭以從人之昏昏洒焉若將有浼焉必不容矣是以左右執事之臣因其修而蘖之曰黨人也人君曾不是察隨其所甚惡而甘心焉於是有流放戮辱之事夫士之自好者削斲數椽足以自庇而一簞之食足以糊口其孰肯以不貲之

吹毛求疵直至疑似最爲慘刻者豈得以服冕乘軒縉紳之禍寧有已耶

冰炭不同器薰蕕猶不同器舉朝皆私人而正人不屏豈投荒乎

軀而投人主之所必怒者邪嘻君之及此言也齊其殆矣乎小人之始至於齊也小異者不容而已矣今則疑似者削跡矣小人之始至於齊也媕婀脂韋者未必御也今則服冕而乘軒者矣小人之至於齊爲日未數數也而其變更如此齊其未艾也人君曾不是察而左右執事之臣又原君之所甚惡因以隳游（到底歸咎君上得要問）士之修舉齊之朝將化而爲私人矣日往而月易縈（旨）壇級於公宮而君不得知也嘻君之及此言也齊其殆矣乎

子華子謂晏子曰夫治有象大夫亦嘗聞之矣乎晏子曰嬰願聞之於吾子矣子華子曰治古之時其君之志也端以有修其臣同德比義而無有異心朝無幸位事無失業其四野之外耒耜從其宜溝畎以其便其民愿而從法疏而不失上下翦翦惟其君之聽熱氣伏息災疫不作四鄰寢兵而珪玉纁幣以承其權此非治象而云何今齊之正言不聞聰明不開朝茀而不除野荒而薦饑其去治象也遠矣無等級以寄言者矣本聞之下無言謂之喑上無聞謂之聾聾

書著通己　丈人閩考

道人予已既曾且甚莫知所補矣

君且不能禁大臣亦務含容以爲自便之計何況游士才學足

曾之朝上有放志而下多忌諱齊之謂也且合升勺龠合以登之斛槩則成矣太山之高非一石之積也瑯琊之東渤澥稽天非一水之鍾也所以治國家天下者非一士之言也今齊之執事者其悖矣乎墨以爲明狐而爲蒼以一爲二以二爲三公不能禁也植黨與而護其所同忌前而排孤婞婞脂韋者日至於君之前固寵而恃便公不能禁也猶之買馬者然不論其足力而以色物毛澤而爲儀則廐無走馬矣猶之售玉者然不論其廉貞溫粹而無瑕者而以大小

還挾治上罩有寸鉤之方

徑廣爲儀則篋匧無連城矣惟士亦然論士不以其才
而以勢地爲儀則伊尹仲父不立於朝矣且齊之爲
國也表海而負嵎輪廣隈澳其淦之所出四通而八
達游士之所湊也今齊君之所習而御者非鮑國之
私人則崔田之黨也游士無所植其足矣游士無所
植其足則憑軾結轍而違之夫游士之所以去則治
象之所以不存也本閒之窮鄉下里其爲叢祠也不
過於卮酒而臠肉兼國之社不難於請福今齊之蕉
萃也甚矣所欲以爲治者不半於古之人而功則倍

罪非不能 諫得稱讒 使之ノ隱 君之威以 自守亦道 欲嬰之韜 舊試耳

知其説蔵 足令狐裘 三十年遣 策一乘者 心服

具矣夫子之於齊君也朝夕進見而猶固惜自愛也猶不出其謦欬而規以振起之夫子之仁心抑巳褊矣晏子曰善微吾子嬰無所聞之嬰之於君犬彘之臣也吾子之言之也嬰則有罪矣

晏子問於子華曰聖人尚儉於傳有之乎子華子曰有之夫儉聖人之寶也所以御世之具也三皇五帝之所留察也晏子曰嬰聞之堯不以土階爲陋而有虞氏怵戒于塗髹其尚儉之謂歟子華子曰何哉大夫之所謂儉者夫儉在內不在外也儉在我不在物

儉可以爲萬化之柄須說入精神

大官大器如尚儉毋乃爲后世諂臣媚子口實然則[illegible]子固是

也心居中虛以治五官精氣動薄神化回潏嗇其所以出而謹節其所受然後神宇泰定而精不搖其格物也明其遇事也剛此之謂儉而聖人之所寶也所以御世之具也三皇五帝之所留察也何哉大夫之所謂儉者夫視入以爲出庾氏之職業也操贏而制餘商賈子之所爲也中人之家計口然後食閭里之志也乃若天子者太官也有天下者大器也臨萬品御萬民窮天之產罄地之毛無有不共無有不備此則古今常尊之勢也奈何而以閭里之所志商賈子

聖賢之業

學者之狀如刻眉是今腐儒爲以爲啄

之所爲庚氏之職業仰而議夫堯舜之量哉此腐儒之所守而汙俗之所以相欺者也土階塗髹綠之茿野人之所稱道而於傳所不傳者也本聞之堯居于衢室之宮垂衣而襲幅遂如神明之居輯五瑞以見羣后帶幅舄而入覲者如衆星之拱北堯則若固有之也舜遊於巖廊之上被袗衣而鼓五絃之琴畫日月於太常備十有二章黼黻玄黃爛如也出則有鑾旁和動則有珮環步趨中於埜部之節舜亦若固有之也夫堯舜之備物也如此而惡有所謂土階三尺茅茨

子書子　下卷　五

桀之滅能逢紂之淫三聖世其天罪也故傾宮寶廣瑶臺第五殺之變極飾材之工實從末藏

禍衰濯冠數罰足二

不翦者惡有所謂塗髹以自怵戒者此腐儒之所守而汙俗之所以相欺者也故記所不道也桀紂之亡天下也以不仁而不以奢也戒奢者有禮存焉禮之所存可約則殺可豐則腆豈有攬四海之賦受九畡之經入而土階以居欲有塗髹而不敢也其不然也必矣且先王之制也玫玉則玫行旂旒冕璪以示登降之品今汙世人不通於禮也處尊而偪賤居大而侵小夫以王公之尊而圉隸以自奉難爲其下矣不惟以陋於厥躬也而又旁無以施其族黨上不豈其

被以藝[illegible] 憂

書[illegible]云言 [illegible]冬 [illegible]玄英夏 爲長嬴又 爲安寧化 [illegible]本之

宗祧曰吾以是爲儉也不亦夷貊之人矣乎晏子曰
善微吾子嬰無所聞之也終不敢以論約

執中

子華子曰聖人貴中君子守中中之爲道也幾矣寓
中六指中存乎其間兩端之建而中不廢也是故中
則不既矣小人恣睢好盡物之情而極其執其受禍
也必酷矣何以言之朱明長嬴不能盡其所以爲盈
遂必隨之以揫斂之氣而爲秋玄武沍陰不能盡其
所以寒也必隨之以敷榮之氣而爲春孰爲此者天

鶡冠子用[illegible]式

[illegible]守中[illegible]盡之[illegible]

也天且不可以盡而况於人乎是故誠能由於中矣一左一右雖過於中也而在中之庭一前一却雖不及於中也而在中之皇及小人好盡則遠於中矣遠於中則必窘於邊幅而裂矣必觸於巇牆而僵矣必墜於坑塹而亡矣如以石而投之於淵也不極則不止矣悲夫天道惡盡而昧者不之知也古之君子齊戒以滌其心奉之而不敢失者其中之謂歟天地覆壓中不磨也陰陽並（或作弁）交中不渝也五色玄黃亂於前中不失也悲夫世之小人快其志於俄頃之久

處定之語足聖人濟世必賜

而促失其所以爲中也危國喪身而不早悟也惟其惻然而以中怛之怛之而不早悟也是之謂下愚而不可動化者也

子華子曰天之精氣其大數常出三而入一其在人呼則出也吸則入也是故一之謂專二之謂耦三之謂化專者才也耦者幹也化者神也凡精氣以三成三者成數矣宓犧軒轅所柄以討者也赫胥大庭慉悅如有所遺者也故曰出於一立於兩成於三連山以之而呈形歸藏以之而御氣大易以之而立數也

可補易繫

[illegible]

子華子曰道之所載四由拓（或作宕）坦有足者斯踐之矣夫何故平故也恢濶濛澒而無不容一與二二與三吾不知其攸然而同謂之平夫何故虛故也惟虛爲能集道惟平爲能載道無所於閡無所於忤虛之至也左不偏於左右不偏於右無作好也無作惡也如懸衡者然平之至也心胷之所淵其容幾何然則歷陸嶔嶇太行鴈門橫塞之靈臺之關勺水之不通而奚以有容嗜欲炎之好憎冰之炎與冰交戰焉則必兩相傷者矣是故華四塡則裂胷中滿則克薄氣

發喑惀怖作狂積憂損心氣乃焦故曰一虛一平而道自生一平一虛而道自居

子華子曰王者樂其所以王亡者亦樂其所以亡故烹獸不足以盡獸嗜其脯則幾矣王者有嗜于理義也亡者亦有嗜乎暴慢也所嗜不同故其禍福亦不同也

子華子曰生者死之對有者無之反揮者降之因虧者成之漸大道無形無數無名無體以無體故無有生死以無名故無有有無以無數故無有隆亏　以無

文字生虛空破欲還之無形無數無名無體爲可得乎

推出四靈之長因及其類博雅之極

形故無有成虧既已域於四象者矣亢不能無毀也是以韋華雖柔擴之則裂礦石雖堅攻之則碎剛柔重輕大小長短雖不同也同於一畫故古之制字字爲之破而文亦如之

子華子曰周天之日爲數三百有六十閏月之時爲數三百有六十天地之大數不過乎此五方之物其爲數亦如之鱗蟲三百有六十震宮蒼龍爲之長羽蟲三百有六十離宮朱鳥爲之長毛蟲三百有六十兌宮麒麟爲之長介蟲三百有六十坎宮伏龜爲之

人乃正意却從月寬行來正意不煩疏而自透

長倮蟲三百有六十盈宇宙之間人爲之長一人之身爲骨凡三百有六十精液之所朝夕也氣息之吐吸也心意知慮之所識也手足之所運動而指股之所信屈也皆與天地之大數通體而爲一故曰天地之間人爲貴

均此樂也樂者聞之則喜憂者聞之則悲悲喜在人心非由樂也卓吾稱大家爲神

子華子曰撞鈞石之鐘六樂共奏於庭所以寫樂也而隱憂者臨之而逾悲不主乎樂故也鬱搖而行歌促絃而急彈所以寫憂也而安恬者得之而逾歡不主於憂故也然則憂樂在外也所以主之者內也內

聖之至非封德羲魏欲所及不知其論本之子華

道也夫也帝也皆王于心心是个主宰此篇却當得一郎心經

之所感赭蒼五色東西質匱而昧者則不之知也故日、觀流水者、與水俱流、其目運而心逝者歟。

子華子曰、渾淪澒濛、道之所以爲宗也、徧覆包涵天之所以爲大也、昭明顯融、帝之所以爲功也、道無依阿、天無從違、帝無決擇、然則心烏乎而宅、道、心、天也天、心、帝也、帝、心、人也、人之心莫隱乎慈、莫便乎恕、赤子匍匐、使我心惻隱於慈故也、凌波而先濟、跋而望乎後之人、便於恕故也、此心之弗失焉、可以事帝矣、可以格天矣、可以入道矣、此心之弗存焉、道之所去

知此雅詁小數爾埤廣博諸雅

王荆公好談字義有能字字妙由字作解當不爲坡公之所詈

也。天之所違也。帝之所誅也。古之制字者。此兹爲慈。如是爲恕。非其心也。則失類而悲。是以挾道理以御人羣者。庸詎而忽諸。

子華子曰、凡物之所有由者。事之所以相因也。理之所以相然也。軸之軸、車由是以相運也。紬之紬、絲或作思由是以相屬也。姓伷之伷、族由是以有分也。橘柚之柚、味由是以有別也。宇宙之宙、理由是以有傳也。禾之油油、穀由是以登也。雲之油油、雨由是以降也。憂心有媌、心由是以動也。左旋右抽、軍由是以止也。

也

道生一一生二二生三三生萬物故萬紀萬有孰不系于一以生藏

故凡物之有所由者事之所以相因也理之所以相然者也。

大道

子華子曰大道有源其源甚真名曰空洞空洞無有是生三元三元之功同立於玄縱而守之是謂三極衡而施之是謂三紀上下貫焉是謂三才一之所成萬紀以生一之所綱萬有以藏是故空者無不備之謂也洞者無不容之謂也大道之源其源甚真無物不稟無物不受無物不度廣盡於無眹細淪於無間

子雲嘿嘿守乎太玄良有以也

付畀稟受而不加貪饕酢應對而不加費故曰通於一萬事畢此之謂也

子華子曰仰而視之玄在焉俛而察之玄在焉旁行而四達玄在焉迎而望之玄參乎其前也揠足窘行去而違之玄瞠乎其後也是故玄無所不在也人能守玄玄則守之不能守玄玄則舍之

子華子曰火宿於心炎上而排下其神躁而無準人之暴急以取禍者心使之也木宿於肝觸突于抵而銳其神狷束而無當人之樸戇以取禍者肝使之也

五事之配雖本箕疇喜不拾其唇吻數乎仲舒班固[redacted]矣

金宿於肺礰訇而不屈磬而不能仰也其神凋疎而無法人之訐決以取禍者肺使之也水宿於腎瑟縮以湊險其神伏而不發人之媥婀脂韋以取禍者腎使之也土宿於脾磅礴而不盡其滲漉也下注而不止其神好大而無功人之重遲澀訥以取禍者脾使之也火氣之喜明也木氣之喜達也金氣之喜辨也水氣之喜藏也土氣之喜發生也是故事心者宜以孝事肝者宜以仁事肺者宜以義事腎者宜以知事脾者宜以誠實而不詐五物宿於其所喜五事各施

小小孤神亦有結構

模人情無當曲盡情態

周舍以巳所處而議子華之所志不知君子之所遇有不可爲

其所宜外邪之不入內究之不泄夫是之謂善完子華子曰甚矣世之人注其目於視也目奚足信今有美麗佼好之人人之所同悅也然而蒙之以倛首則見之者棄之而走更衣之以輕紈阿裼焉（本無衣字）則向之走者留行矣甚矣世之人注其目於視也目奚足信

周舍見子華子曰舍聞之身修而名不立無爲於擇術矣庶羞百品雜進於盤几而咽不下無爲於貴饌矣抱璧而徒乞無爲於貴寶矣敢問夫子之所以志

知其不可而止之惟知道者可以語此故子華以趣之不同告之不以日不能見其嘗設喻

子華子曰然釜鬲之於量也不能以容於所不受尋墨之於度也不能以及其所不至鈞天廣奏飛鳥過而不止崇楹績栱猱狖逃焉且員動而方息所性不同也火炎而水流習使之然也今以大夫之所處而議本之所以志必不諧矣無以則有一焉而願因以有獻也夫六虛有精純粹美之氣而不敢傳焉託於物以寓其嚮流於形於萬有而不敢以有爲試嘗論其微矣佼麗之苦窳也而醜則堅牢華璧之易以梓也而金鐵則難陶甚矣物之不可以全也如是是不

得[illegible]華之

可以一方取也是不可以一伎爲也惟知此道者幾幾乎其能全今大夫少修而齒[illegible]壯長伉以有立方將揭其昭明焉而以爲人之的其犯難也果其量物也福而又且徑往而直前矯拂人之所不欲而規以自立甚無所用之虛名此非本之所得知也夫目之明能見於百步之外而顧不見其背也帷牆之後則無睹也無以則有一焉而願因以有獻也

子華子曰萬物玄同孰是而孰非孰知其初孰知其終吾無得其所以然也命之曰一二一者衆有之宗也

成帰得一故莫不仰企帝一之說者謂是眞

道得之謂之太一天得之謂之天一帝得之謂之帝一帝一也者立乎環中抑其響而不得也味其臭而不得也渾渾兮如有容洎兮如未始出其宗茫茫兮如無所終窮天一也者爲而不宰成而不有機之所由以出焉機之所由以入焉太一也者有而無家能化一以爲二化二以爲三因三以成萬物故曰一之變大矣在三而三在九而九有萬不同而管于一

爲天地總故能爲天下計理之如是

通乎一術無一之不知味乎一術無一之能知是故音聲顏色臭味之數不過於五五者立於一一立而

萬物生矣。

子華子曰寒濕溫燥晦明之變則大矣形怛乎化則涸而其形無盡喜怒哀樂思懼之化則備矣神經乎變則涸而其形有餘正氣之在人也上下灌注如環之無端莫知其紀極也不可以爲量也是能使其神之所滓鬱鬱勃勃而不可屈是能使其形之所宅完固靜專而不可撓是故能適於養氣之術者不可以不務白也且氣不勝邪攻之矣攻之而不已則氣必剉剉之而不已則向於消亡矣正氣漸盡邪術壯長

邪得以攻正畢竟自援其際

攝家尊生之訣

心傷於中而色澤外變神去其餘而死矣是以古之知道者築壘以防邪疏源以毓真深居靜處不為物擾動息出入而與神氣俱魂魄守戒謹窒其兌專一不分真氣乃存上下灌注氣乃流通如水之流如日月之行而不休陰營其藏陽固其府源流泏泏滿而不溢沖而不盈夫是之謂久生

子華子曰人之性其猶水然水之源本甚潔而無有汞穢其所以湛之者久則不能以無易也易而不能反其本初則還復疑於自性者矣是故方員曲折湛

六者非性
先王慎感
五易非性
君子慎湛
經子同原

於所遇而形易矣青黃赤白湛於所受而色易矣研訇漴射湛於所閡而響易矣洄洑潋溶湛於其所以容而態易矣鹹淡芳臭湛於其所以染而味易矣凡此五易者非水性也而水之所以爲性者則然矣是故古之君子慎其所以湛之

子華子曰天地之大數莫過乎五莫中乎五五居中宮以制萬品胃之實也冲氣之守也中之所以起也中之所以止也龜筮之所以靈也神響之所以豐融也通乎此則條達而無礙者矣是以二與四抱九而

十五

真數五居中央之官五德居旺

司馬子長極得意封禪篇觀此秦本數語足冷熱幸熱腸

上躋也六與八蹈一而下沈也戴九而履一據三而持七五居中宮數之所由生一從一橫數之所由成故曰天地之大數莫過乎五莫中乎五通乎此則條達而無礙者矣

北宮意問

北宮意問曰上古之世天不愛其寶是以日月淑清而揚光五星循軌而不失其次鳳凰至蓍龜兆甘露下竹實滿流黃出朱艸生敢問何所修爲而至於是也子華子曰異乎吾所聞夫禎祥瑞應之物有之足

按聖治之世五氣順序日月澈清麒麟游鳳凰儀皆七然之瑞應不可謂治世所無有子舉之論甚有激而言視彼世人士一段便得之

以備其數無之不缺於治也聖王不識也君子不道也治世所無有也上古之世居有以虛宰多以少所以同於人者用舍也所以異於人者神明也神明之運其由也甚微其效也甚徑與變相蕩遷與化相推移陰陽不能更四序不能虧洞於纖微之域通於恍惚之庭抱之而不沖注之而不滿彼其視鳳凰麒麟也豢牢之養爾彼其視醴液甘露也哺滄之寫爾彼其視芝房竹實凡艸木之異者畦圃之蔬爾彼其視玉石環怪凡種種之族者篋襲之藏爾故曰聖王不

識也君子不道也治世所無有也昔者有虞氏彈五絃之琴以歌南風之詩而光被四表格于上下周公之佐成王也希膳不徹於前鐘鼓不解於懸而歌雍詠勺六服承德凡禎祥瑞應之物有之足以備其數無之不缺於治聖王已沒天下大亂父子質矣或作性君臣失紀未有甚於今日也然且日月星辰衡陳於上與治世同焉而已矣故曰天道遠人道邇待蓍龜而禳吉福之末也顛蹶望拜而調焉其待則薄矣故聖王不識也君子不道也治世所無有也吾恐後世

聖王三句疊疊呼應總好章法

數語確論不可磨滅

未可與太史公封禪緒語參其趣可睹矣

之人主方且睢睢盱盱唯此之事而爲人臣者巧詐誕譎以容悦於其君舍其所嘗治而責成於天借或氣然而數繆也忽有鍾其變者色澤狀貌非耳目之所屬也於是奉以爲祥君臣動色士庶華聽以至作爲聲歌而薦之於郊廟錯采繢畫而以夸諸其臣民奄然以爲後世莫我之如也彼其却數於上世其所謂豢牢之養也甽澮之寫也畦圃之毓也篋襲之藏也章章焉如日星之在上也乃始矜跂而以爲希有之事夷世而不可以幸冀者也甚矣其亦弗該於帝

同一婉詞以警之人直徹源頭斯能□而得意攻邪起作如承蠲而摄之也今人止記藥性數種不悟持养之道則李□人廢之誠甚不謬矣

王之量者矣

子華子居於苓塞北宮意公仲承侍縱言而及於醫

子華子曰醫者理也理者意也藥者瀹也瀹者養也

腑藏之伏也血氣之冒也空竅之塞也關鬲之礙也

意其所未然也意其所將然也察於四然者而謹訓

於理夫是之謂醫以其所有餘也而養其所之也以

其所益多也而養其所損也反其所養則益者彌損

矣反其所養則有餘者彌乏矣察於二反者而加疏

瀹焉夫是之謂藥故曰醫者理也理者意也藥者瀹

也淪者養也北宮意曰正惟是世俗之醫所不能爲
也雖然意聞之也有所資於意不如無意之爲愈也
有所待於養不如無待之爲愈也敢問人有精神也
其升降上下與晝夜相通也與天地相灌注也其爲
種凡有幾子華子曰意善哉而之問也觸類以演之
進乎此則與知道者謀矣吾次其所以學也而擇取
之矣夫天降一氣則五氣隨之寄備[illegible]陰陽合氣而
成體故有太陽有少陽有太陰有少陰陰中有陽陽
中有陰故陽中之陽者火是也陰中之陰者水是也

扶微助爰歷成廿效直究五行方于神農黄帝之经方洞悉精微至秦漢人之難經灵樞甲更舊繳闇隱居之所綴■不足與

陽中之陰者木是也陰中之陽者金是也土居二氣之中間以治四維在陰而陰在陽而陽故物非土不成人非土不生北方陰極而生寒寒生水南方陽極而生熱熱生火東方陽動以散而生風風生木西方陰止以收而生燥燥生金中央陰陽交而生濕濕生土是故天地之間六合之內不離於五人亦如之血氣和合榮衛流暢五藏成就神氣舍心魂氣畢具然后成人是故五臟六腑各有神主精稟於金火氣諧於水木精氣之合是生十物精神魂魄心意志思智

揭出持累立一篇之端

慮是也生之所自謂之精兩精相薄謂之神隨神往返謂之魂並精出入謂之魄所以格物謂之心心有所憶謂之意意之所存謂之志志之所造謂之思思而有所顧慕謂之慮慮而有所決擇謂之智夫於智十累之上也至於智則知所以持矣知所以持則知所以養矣榮衛之行無失厥常六腑化穀津液布揚故能久長而不弊流水之不腐以其逝故也戶樞之不蠹以其運故也是以精上則滯神惛則伏魂拘則洸魄散則耗心忮則惑志鬱則陷意營則罔思濫則

殆慮殫則蒙智礙則愚故所謂持者持此者也所謂養者養此者也意善哉而之問也觸類以濵之進乎此則與則道者謀矣公仲子曰夫子之言也而之問也承也得所未之嘗聞知發蔀焉願夫子益其說而聱徹其所以解也子華子曰然言固不可以一而足也夫心也五六之生也精神之舍也心之精爲火其氣爲離其色赤其狀如覆蓮其神爲朱鳥其竅上通於舌肝之精爲木其氣爲震其色青其狀如懸瓠其神爲蒼龍其竅上通於目肺之精爲金其氣爲兑其

縱横而談 讀者

色白其狀如懸磬其神爲伏虎其竅上通於鼻腎之精爲水其氣爲坎其色黑其狀如介石其神爲玄龜其竅上通於耳脾之精爲土其氣爲戊巳其色黄其狀如覆缶其神爲鳳凰其竅上通於口是故脾腎心肝肺五官之司口舌鼻耳目五官之候脾之藏意腎之藏精心之藏神肝之藏魂肺之藏魄金木水火土五精之總也寒熱風燥濕五氣之聚也水以潤之火以燥之土以溽之木以敷之金以歛之此以其性言也水之洌也火之炎也土之蒸也木之温也金之清

也此以其氣言也水在下火在上土在中木在左金在右此以其位言也水之平也火之銳也土之圓也木之曲直也金之方也此以其形言也水則因火則華土則化木則變金則從革此以其材言也水井洫也火爨治也木金器械也土爰稼穡也此以其事言也夫盈於天地之間而充物者惟此五物也凡五物之有不可無也其所無不可有也微者養之使章弱者養之使強損者養之使益不足者養之使有餘無物不養也無物不備也夫是之謂和喜怒哀懼思不

勿棄有害行養之道也

能汨也視聽言貌思不能奪也夫是之謂太和之國

意界作骨呼應有神

無待於意而爲醫太和之俗無待於養而爲藥不以物滑和不以欲亂情中無載則道集於虛矣心無累則道載於平矣安平恬愉吐故納新靜與陰同閉動與陽俱開若是者由人而之天合於太初之三氣矣以之正心修身治國家天下無以易於此術也吾之說盡於此矣二子拱而退書以識之

神氣

敘世變浮滴處眞功

子華子曰古之至人探幾而鉤深與天通心清明在

不浮其句法蒼勁峻可爲々

童蒙不知西東行蹎々視瞑々如此世俗唯神農之時有之

精與帝同功是以進爲而在上則至精之感流通而無礙以上行而際浮以下行而極幽以旁行而塞於四表不言而從化不召而效證以其所以感之者內也伏羲神農之世其民童蒙瞑々蹎々不知所以然而然是以禾年黃帝堯舜之世其民樸以有立職々植植而弗鄙弗夭是以難老末世之俗則不然煩稱文辭而實不效知譎相誕而情不應蓋先霜霰以戒裘爐者矣機栝存乎中而羣有詐心者族攻之於外是以父哭其子兄喪其弟長短頡頏百疾俱作四方

只此瞑々蹎々職々植々便分上爲皇下爲王

疾癘道有繈負盲禿狂傴萬怪以生所以然者氣之所感故也夫神氣之所以動可謂微矣日月薄食虹蜺晝見五緯相凌四時相乘水竭山崩宵光晝宣石言犬痾夏霜冬雷繆盭之族諸禍之物不約而總至

子華之文每有凡句重複正文章之關鍵妙

所以然者氣之所感故也夫神氣之所以動可謂微矣故曰天之與人其有以相通此之謂也

留務茲從子華子游者十有二年日相屬而言不接也業成而辭歸將隱居於五源之溪子華子曰天下之物有甚滑督而難持者女知之矣乎疾之則脫緩

濊敵得人必不實人而壞吾教者哉以慎其輿之文字之奇崛

之則敝焉以逝非捉圜之謂也而所謂善持者能爲之於疾徐之間今女之所治吾無間然者矣然予之志則廣取而洗輿者也吾恐女之後夫擇者也其將有剽女之外郛而自築其宮庭者矣登女之車而乘之以馳騁於四郊者矣取女之所以爲璧者毀裂而五分之者矣夫道固惡於不傳也不傳則妨道又惡於不得其所以傳也不得其所以傳則病道今女則往矣而思所以慎厥輿也則於吾無間然者矣

予車氏之猳其色粹而黑一產而三豚焉其二則犗

借子華之貜發一段翻雲覆雨人情妙不可言

[illegible]子刻玄玄之比等

而黑其一則駁而白惡其非類於已也齧而殺之決裂其腎腸糜盡而後止其同於已者字之惟謹而恐其傷也子華子曰甚矣心術之善移也夫目眩於異同而意怵於愛憎雖其所自生殺之而弗悔而況非其類矣乎今世之人其平居把握附耳呫呫相爲然約而自保其固曾膠漆之不如也及勢利之一接未有毫釐之差蹴然而變乎色又從而隨之以兵甚矣心術之善移也無以異乎子華氏之貜

宋有澄子者亡其緇衣順塗以求之見婦人衣緇衣

忍頭笑不得柳朵知之者之謔處免此慘

鄙笑世人幸得忘質君此之甚眞是痛快

焉援之而弗舍曰而以是償我矣婦人曰公雖亡緇衣然此吾所亡爲者也澄子曰而弗如速以償我矣我昔所亡者紡緇也今子之所衣者禪緇也以禪緇而當我之紡緇也而豈有所不得哉子華子曰夫利之悖心也幸於得而已矣忘其所以爲質者矣幸於得而忘其所以爲質夫何所憚而不爲之哉今世之人求其不爲澄子者或寡矣

子華子曰今世之士其無幸㵝川閱水以成川世閱（注：亂而治如俟河清傷時者讀之可爲……）人而爲世河之下龍門也疾如箭之脫筈人壽幾何

鶴鳴九皐聲聞于天

讒諂之人有比當而危之者士雖自好能保不殂落否

而期以有待也治古之時積美于躬如膚革之就充惟恐其不修弗憂於無聞如摯攷鼓鍾其傳以四達繹如也今則不然荒飈怒號而獨秀者先隕霜露宵零而朱艸立槁嬪市之徒又從而媒孽以兒搖之是以萌意於方寸未有毫分也而觸機奔展布其四體未有以爲容也而得拱梏懷抱其一槩之操泯泯默默而願有以試也而漫漫之長夜特未旦也疾雷破山澍雨如霔晦暗於螗而失其所以爲司晨也人壽幾何而期以有待也今世之士其無幸歟

二十四

以　□可以　梁航宜以　此招隱

留子築居於五源之溪使其徒公子賓胥見子

於齊曰□□□之役子留子使賓胥也敬以有請夫

五源之溪天下之至窮處也飀吟而颸啼且曉昏而

日昳也蒼蒼踯躅四顧而無有人聲雖然其土脈膏

以發其植物也兗兗以澤其清流四注無乏於濯溉

其蘋艸之芼足以供祭也流光馳景却顧於斷蹊絕

磴之下雲雨之所出入也其石皴聚爛如赭霞藹艸

之芳從風而揚壟耕溪飲爲力也佚而坐嘯行歌可

以卒歲今先生之年運而往矣而其所以蘊藏者無

期惟是河汾之間不吾容也而寄食於海瀕歲又弗稔其何以供億今之諸侯其地相埒也其德相若也先生之車軫其將誰氏知之是以子晳子使賓胥也敬以有請無寧先生而肯照臨於山溪之中將使斯人也耳聞而目明先生豈無意於此乎子華子曰爾歸而語而夫子矣而以所以屬於我者渠渠不忘於我之心鼎鼎如也吾聞之太上違世其次違地其次違人而之所去其違地矣乎曩者吾有緒言於曾矣曰我必死爾以吾骨反而涉河以從吾先人於芩塞

我之意也已有所在矣不得　於爾之求矣
之所不屆逖而親雖鉄而成彊裂壞斷不吾間
而今而後吾之神爽坐馳於五源之間而亦將朝
夕而惟余是從吾何必往也嘻來賓胥我之不得逮
猶而夫子之不得來也詩不云乎莫往莫來使我心
疚吾之與而夫子也其弗覿矣乎
子華子自齊而歸召子元而訓之曰來爾會而小子
其謹志之昔吾之宗君為周日正周公作成周定鼎
於郟鄏修和周郊於是吾之宗君帮薦其所以為禘者

其族有三曰井里之璞也曰大山之器車也曰唐叔
異畝之禾也唐叔得禾異畝同穎吾之宗君請以爲
獻王命分寶玉于魯公時庸展親歸禾於周公作歸
禾周公旅天子之命作嘉禾是以吾之宗君始有蒲
璧以朝作程典令其纘庸書在故府逮宣王之時吾
之宗君入董六師爲王虎臣是曰司馬司馬之后是
布其[illegible] 於汾河之間十有一世而國
手於溫先大夫宣王之秉世也背違其羣而吾之宗
君厥有大造於趙宗如歷苗之有 是以庇其榮

勉其自勗
自無宗君
忝自善
幾于者

而食其實。及吾之身。身不釋於簡二而遁則眞吾姓之所宗氏也。今主君之爲人。強毅而法能忍訴而無懕挺挺而不回。且受人之規言。其將光啓于趙氏之業而大其前人。吾且亡矣。而不得以相其成。來爾會而小子其謹志。勿其勿有二心以事主君。惟是宿寃之事。吾之所以后其先人者。弗儉弗修。允登其中。其勿以世俗之垢昏。而以免我之所修。乃若爾會之所以自勗者。則惟無宗君之忝。其於我亦預有無窮之聞。來爾會而小子其謹志之。

子華子卷下終

佚名摘抄

子華子

明藍格抄《二十一家子書摘抄》本

子華子序 摘　　劉向

子華子、程氏、名本、字子華、晉人也、晉自頃公失政、々在六卿、趙簡子始得志、招徠賢儒之士、爲其家臣、子華子生於是時、博學能通墳典丘索、及故府傳記之書、性闓爽、善持論、不肯苟容於諸侯、聚徒著書、自號程子、名稱籍甚、聞於諸侯、孔子遇諸郯、歎曰、天下之賢士也、簡子欲仕諸朝而不能致、乃遣使者奉纁幣聘以爲爵、執圭、是時簡子殺竇犢及舜華、孔子爲作臨河之操、子華子亦逡巡不肯起、簡子大怒、將脅之以兵、子華子去而之齊、々景公不能用也、子華子館于晏氏、吏題其書曰子華子、簡子卒、襄子立、子華子反于晋、時已老矣、遂不復仕以卒、今其書編離簡斷、以是門人弟子、共相綴隨、紀其所聞而無次敍、非子故所著之書也、大抵子華子以道德為指歸、而經紀以仁義、存誠養操、不苟於售、唯孔子然後知其賢、齊大夫晏平仲、與之為久要之交、當時諸侯以勢相軋爭、結怨連禍、日以權譎為事、子華子之言、如持水納石、不相酬荅、卒以不遇、可為酸鼻者也、

公仲承問黄帝鑄鼎乘雲之説

吾聞之大古之聖人、所以範世訓俗者、有直言者、有

曲言者、直言者、直以情貢也、曲言者假以指喻也、言之致曲、則其傳也久、傳久而偽、則知者正之、偽是而散亂、則知者正之、夫黃帝之治天下也、其精微之感蕩、上浮而下沉、故為百福之宗、為百福之所宗、則是百神受職於庭也、帝乃採銅者、鍊剛質也、登彼首山就高明也、作為大爐、鼓陽化也、神鼎鑄物之器也、上水而下火、二氣升降以相濟、中和之實也、群龍者衆陽氣也、雲者、龍屬也、帝鄉者、靈臺之而心術之變也帝之謂所類也、形也、氣也、知識也、雖與人同爾、然而每成而每毋上也、每成而每上、則其精微之所徹遠、

神明之所之遠、其去人也遠矣、群小臣知識之所不
及者也、攀龍之胡有見于下也、不得上升、無見於上
也、有見于下、無見於上者、士也、上下無見者、民也、弓
裘衣冠者、帝所以善世制俗之具也、民無見也、懷其
所以治我者而已矣、故帝之逝也、號以決其慕、藏以
奉其傳、此假以指喻之言也、而人且亟傳之以相誑
欺、甚矣世之好譎怪也、千世之後、必有人主好高而
慕大、以久生輕舉而為羨慕者、其左右從諛希寵之
臣、又從而進之、是將甘心于黃帝之所造者矣、夫人
之大常、生而少壯、轉而為衰老、轉為而死亡、聖凡之

所共也、上知之所弗幸免焉者也、且自古記之、所傳若存而若亡、大庭中黄赫胥尊盧以来、所謂聖人者不一族、吾誠恐大圜之上、嶢樹黝黑、雖處什佰不足以處也、而復何所主宰、臣何所使、而且昏〻默〻以至于今也、是不然之甚者也、然而世之人、知者欣羨、愚者矜跂、甚矣世之好譎怪也、夫周之九鼎、禹之所以圖神姦也、黄帝之鑄一、禹之鑄九、其造爲者同、其所以之造爲者頓異、是可以決疑矣、

鄭子

鄭子以達於禮、聞於諸侯、子華子亟往從之、見鄭子

焉、子華子曰、異乎吾所聞、夫禮、先王所以定之也、非所以揺之也、先王所以開之也、非所以暴之也、青黄黼黻、文章之觀盡而五色渝、宮徴還激、生生之聲足而八音汨、陸有羅罝、水有網罟、而飛羽伏鱗、無以卒其生矣、詩不云乎、潛雖伏矣、亦孔之昭、今鄭子非徒揺之也、又從暴之也、鄭子而達於禮樂、異乎吾所聞、肅駕而起、遵塗而歸、

孔子贈二

子華子反自鄭、遭孔子於途、傾蓋而顧、相遇終日、甚相親也、孔子語子路曰、取束帛以贈先生、子路屑然

而對曰由聞之、士不中間見、女嫁無媒君子不以交、禮也、有間又顧謂子路、子路又對如初、孔子曰、固哉由也、詩不云乎、有美一人、清風婉兮、邂逅相遇、適我願兮、今程子、天下之賢士也、於斯弗贈、則終身不能見也、小子行之、

・子華子曰、惟道無定形、虛凝為一、氣散而為萬、物宇宙也者、所以載道而傳者也、萬物一也、夫孰知其所以起、夫孰知其所以終、凝者主結、勇者營散、一開一歛、萬形相禪、太古之時、澹泊恬愉、鹿聚而麕處、其知徐〻、其樂于〻、夫是之謂宇、有無以相反也、高下以

徐〻于〻皆安也

宗与签同

相傾也、盛盈衰息以相薄也、庬洪蘆符以相形也、由
是以生、由是以死、由是以斷、由是以成、天是之謂宇
宙、宇者、情相接也、宙者、理相通也、是故惟道無定形、
虛凝為一氣、散布為萬物、宇宙也者、所以載道而傳
焉者也、

夫言之感所以為響、響欲絕而感已移、意之將所以
將為思、思未華而事前輟、何則、精神之所弗包焉、故
也、七十九代之君、法制不一、號令不齊、而俱王於天
下、明族善類、而誅鋤醜厲者、法之正也、其所以能行
焉、精誠也、精誠不白、則無以王矣、其在後世、以急刻

而責想以諭偽而課忠、言非其貌、意非其貞、而保人之弗叛、悲夫、是止坐於夕室也、是白之懸而黑之暮也、是縱櫂於陸、而發輈于川也、其亦不可以幸而覺矣、是以欲治之君、將以有為於是者、必先正其本術、宜與精而不搖、保與誠而弗虧、夫然後出言以副情、揣意以明指、世雖亂也、俗雖污也、而曰感不效于影響者、吾斯之未能信、

子華子居於莒塞、趙簡子將用之、使使者將幣於閭曰、寡大夫之使、使下臣敬修不腆、以勤先生之將命者、子華子反幣、再拜以肅使者、而進之於庭、又拜而受、

意北宮子名也

辭曰、主君之民、某如獲罪戾、其敢逃刑、以其弗當之
故、而遠抱薪纆之憂、庶且有間、則我請造于朝、其敢
重辱寡君之命、使者曰、寡大夫且有緒言、使下臣
敬致諸執事、唯是晉國之寵靈、願與先生共之、先生
不遠勤而既以行、請隸從者以爵執圭、子華子沒階
而進、再拜而言曰、主君之民、某未有職業于朝也、且
有惡疾不堪、君之命弗敢以與聞、再拜而送使者、於
門、反其室、聚帑將行、其弟子旅立而疑、北宮子曰、意
聞之身修于私、名升於公、古今之通誼也、主君、國之
宗卿也、政所自出、以禮交而弗答、無乃不可乎、子華

子曰意吾以爾為可以忘言也、而猶有萌焉、夫萌于中必著於外、其意之謂矣、且彼召家者、夫豈徒然哉、必有以處家者矣、為人之所處者不得安其所即處知矣、是故古之人慎於其所以處也、昔者吾友自鄭、閒語於夫子、屬屬焉不忘于心、孔子之所志、其過人者遠矣、日者主君之召也、孔子轍環于河滸、而弗肯以濟、攬琴而寫之、命之曰臨河之操、其辭曰、河之水洋洋兮、立之不濟、此命也、夫孔子之所以弗至、是乃我之所以行也、意吾以爾為可以忘言也、而猶有萌焉、夫以小人之所察、而量君子之心、意尔其殆矣、

北宮子注 三

北宮子曰、意未得以卒業也、以是樵蘇之弗繼、糊其
顧煩於人、雖然謹志其所欲為於善而遠其惡也庶
幾乎完、子華子曰、人中虛圓不徑寸、神明舍焉、事物
交滑、如理亂棼、如涉驚浪、一則以之怵惕、一則以之
忌諱、一則以之懲創、是則一日之間、一時之頃、而徑
寸之地、如炎如冰矣、夫所謂神明者、其若之何而堪
之、神弗留則蠹、明弗居則耗、而又奚以善為、古之知
道者、泊兮如太羹之未調、諢諢兮如將孩、隨推而遷、
因蕩而還、精白津津、若遺而復存、其神明休休、常與

道謀、去義否慕、孰知其故、今子之言曰、謹志於爲善、則不善者將誰與邪、違子之所惡、則惡將誰歸耶、予而勿受、歸而勿納、則必有怨惱之心起、而與爭交敵矣、以我矜願之意、而接彼怨惱之心、何爲而不鬪、〻且不正、小則詈凌詬誶、大則碎首穴胷、夫以若之言而卒於完、其幾乎殆矣、

夫人之中虛也、不得其所欲則疑、得其所不欲則惑、疑惑載於中、虛則荊棘生矣、父不疑於其子、必子孝、兄不疑于其弟、〻必共、夫不疑於其婦、〻必貞、君不疑於其臣、〻必忠、是還至而效者也、百成事而一事

疑道必廢。三人行而一人惑議必格。大。道。之。世。上。下。洞。達。而。無。疑。志。堯舜三代之王也。無意于王而天下治。所循者直道故也。是以天下和平。天下之所以平者。政平也。政之所以平者。人平也。人之所以平者。心平也。夫平循權衡然。加銖兩則移矣。載其所不欲其爲銖兩者倍矣。故曰矜功者不立。虛願者不至。非惟不足以得福。而行又以召禍。故吾不悅于子之言。今子亦平其所養而直以行之。何往而不得。何嘗而不就。而又奚以善爲。且善不可以有爲也。堯曰若之何而善于予之事。舜亦曰若之何而善於予之事。是上與下爭為善也。上與下爭為善，是兩宜也。兩宜則烏得和。〻不施焉則惡得和。夫其所以平和。則堯無以為堯，知。舜無以為舜矣。吾子謹志于堯舜也。而又奚以善為。

虎會問四

虎會以其私問於程子曰：主君何如主也？程子曰：昔堯舜在上，塗說而巷議所不廢也。是〻非〻之謂士。試為吾子推言之本也，不敢以古事為考。先大夫文子之志也，好學而能受規諫，立若不勝衣，言若不出口，身舉士于白屋之下者四十有六人，皆能獲其赤

心公家賴焉及其殁也四十有六人者皆就賓位是
其無私德也夫好學知也受規諫仁也無私德焉忠
也江之源出于汶山其大如甕口其流可以濫觴順
㳂而下控諸群荆廣袤数千里方舟然後可以濟此
無他故也所受于下流者非一壑也夫先大夫文子
其訓於是矣是以有孝德以出公族有恭德以升在
位有武德以羞為正卿用能光融于晋國顯輔其君
以主盟於諸夏天下賴其仁其稱之不用者垂十許
年今主君懋昭其勲庸而光賁于趙宗無以則先大
夫文子是焉取則尚德率義以弘大其光烈其將有

譽於四方也乃若范氏中行氏弗自克也而以覆其
宗鄉此則主君之所知也
子華子見齊景公公問所以為國奈何而治子華子
對曰臣愚以為國不足為也事不足治也有意乎為
則狹矣有意於治則陋矣夫有國者有大物也所以
持之者大矣狹且陋者果不足以有為也臣愚以為
國不足為也事不足以治也公曰然則國不可以為
矣乎子華子曰非然也臣之所治者道也道之為治
厚而不博敬守其一正性內足群衆不周而務成一
能盡能既成四境以平唯彼天符不周而同此神農

氏之所以長也堯舜氏之所以章也夏后氏之所以勤也夫人主自智而愚人自巧而拙人若此則愚拙者請矣巧智者詔矣詔多則請者加多矣請者加多則是無不請也主雖巧智未無不知也以未無不知應無不請其道固窮為人主而數窮於其下將何以君人乎窮而不知其窮又將自以為多矣是之謂重塞之國上有諱言之君下有茍且之俗其禍起于款為也其禍起于顛治也夫有款為顛治之心而獲重塞之禍是以臣愚以為國不足為也事不足治也子華子往見李沈、李沈曰、自吾從于夫子也、轍迹不

遑於四國、未有終歲以處也、夫子亦勤且病矣、哀也
鄙人、不通乎夫子之量、天下失道、黑白涸〻、而吾夫
子篤其說將安之、哀將有以請而弗敢也、願質之於
吾子、〻華子曰、然、仲尼天也、其可遡物而莫處乎、其
可絕物而自高乎、日月不守寓、四指必迷所鄉矣、仲
尼、人之準繩也、仲尼之轍迹則病矣、而亦皇暇之恤、
季沈曰、敢問吾子之不試、何也、子華子曰、本也何足
以望夫子、夫子軫方而轂圓者也、將無乎而不可、叔
則有所可也、夫以我之所可、而從夫子之無乎不可、
逝將從其後也、

子華子謂晏子曰、天地之間、有所謂隱戮者、而莫之或知、々之者其鮮於道乎、晏子曰、何謂也、子華子曰、天地之生才也寔難、其有以生也、必有所用也、如之何其將擁之蔽之、而使之不得以植立也、天地之所大忌也、日月之所燭燎也、陰陽之所杌移也、鬼神之所伺察也、是以帝王之興、進賢者受上賞、不荐士者罰及其身、善々而惡々、其實皆衍於後、嘗試觀之、其物之有材者、其精華之蘊、神明之所畀護而秘惜、不可以智加竊也、蒙金以沙、固玉以璞、珠之所生、漩洹

孱顏即巉巖

之淵而渨澳之下也、豫章楩柟之可以大斲者、必在夫大山窮谷孱顏嶇嵒之區、抉剔之、掎摭之、刹削之、苟不中於程度、則有虎狼蛟鼉虺蜴之變、雷霆崩墜覆壓之虞、何以故、天地之生才也寔難、其有以生也、必有所用也、如之何其將擁之蔽之、而使之不得以植立、是之謂遏天而黷明、遏天而黷明、神則殛之、雖大必折、雖炎必撲、荒落而類、圯敗而族、夫是之謂隱戮、隱戮也者、陰騭之反也、如以匙勘鑰也、如以璽印塗也、必以其類、其應如響、晏子曰、駭乎哉吾子之言也、嬰也願遂其所以聞、子華子曰、大夫無甚怪乎余之所以言也、余之所以言、其有以云也、今夫人之常情、為惡其毀也、成惡其虧也、於其所愛焉者、則必有恪固之心、恪固之心、萌于中虛、卒然而攻其所甚愛、則必曹起而爭、〻而不得、則必氣沮而志奪、氣沮而志奪、則拂然而怒填乎膺、拂然而怒填乎膺、則將無與為敵者矣、天地之所以生材也、甚愛之、甚惜之、則其所以有恪固之心、曾何以異夫人之常情、世之人莫之或知也、徒恃其胸腹之私、與其狡譎姦詐之數翕〻而訿〻、巧觝而深排、規以幸人不己勝也、何有天地之鑒也、神明之照也、甚可畏也、甚可怖也、如使

眯物蔽目不明也

惱憂也

之氣沮而志奪、怫然而怒、以充塞乎兩間、偏俱廷霆、聚而為陰陽之罰、其中于人也必慘矣、是必至之勢而無足經怪者、悲夫世之人莫知、〻之者其説于道矣、本也晉國之鄙人也、嘗得故記之所道者矣昔先大夫欒武子之在位也、夙夜靖共、矯枉而恵直、不忘其執守、而以從其君、厥有顯聞、布在諸侯之冊書、逮其嗣主則不然、帥類于厥心、放命以自賢、怙寵專權、剪棄人士、畐以封殖於厥躬、國人疾視之、如目有眯焉、日移其志以速厥罰、欒氏以忘、昔先大夫隨武子之在位也、明曆以博識、晉國之耆老也、然且惱焉而

鮮去声

不自屋、惟曰余爾所不思、惟曰余爾所不知、惟曰余爾所不聞、瞑有所志、旦而升諸公、是以晉國之士、無有遺其材者、用能光融昭著、以有立於朝、父子兄弟以世及也、而為晉宗卿、逮其嗣主則不然、囂囂自肅、而巧持其非心、毀本塞原、甚于瞇目、唯諛佞之小人是暱是用、絜然知者遠之、洒然善者伏藏以在下、日移其志、以速厥罪、范氏以亡、昔先大夫中行文子之在位也、拔識後良、振其滯淹、人之有技、能如出于厥躬、恪謹而鮮、唯力是視、是以能相其君以尋諸侯盟、逮其嗣主、以苛為察、以欺為明、以刻為忠、以計多為善以祭、歆、為矣。崩角掎齒、忌人之軋己也、門如鬧市、唯利是視、愎人乘間、而會逢其惡、極其回邪、如鬼如蜮、日移其志、以速厥罰、中行氏以亡、凡此三主者、晉國之世臣也、所謂崇蘊亨隆而不遷之宗也、而又其先大夫皆有玄德、以媚於上下神祇、其在嗣主、荒墜厥訓、用以覆宗戚緒、餒其先靈、而不得血食於晉國、無他故也、恃其盛強昌熾而蔑棄于理、憑人而勝天、藏忮于中、而以之違天地之所恪固、是以其酷如是也、而況於單族後門之士、竊人之爵祿、而邀覬於一時之幸、虛愒而恫疑、且懼人之出于其上也、疑似之迹未明、同異之志未講、而壅之蔽之、使之不得以植立也、則其得禍也、必有深於晉之三主者矣、夫築垣墉者、務其高而不務其寔、高不隱仞而塞傾之矣、以兩手而揜人之聰明、自以爲得也、而不知其聾瞽之疾已移乎己也、悲夫、悲夫、豈不爲之大哀矣乎、晏子曰、駭哉乎言也、微吾子嬰無所聞之、嬰也請刻諸佩觿、以志其不忘也、

晏子問 六

子華子曰、太山之高、非一石之積也、瑯琊之東、渤澥稽天、非一水之鍾也、所以治國家天下者、非一士之力、

今齊之執事者其悖矣乎、墨以為明、狐而為蒼、以一為二、以二為三、公不能禁也、植黨與而護其所同、忌前而排孤、媕婀脂韋者、日至於君之前、固寵而恃便、公不能禁也、猶之買馬者然、不論其足力、而以色物毛澤而為儀、則廄無走馬矣、猶之售玉者然、不論其廉貞溫粹而無瑕者、而以大小徑廣為儀、則篋無連城矣、唯士亦然、論士不以其才、而以勢地為儀、則伊尹仲父不立於朝矣、且齊之為國也、表海而負嵎、輪廣隈澳、其塗之所出、四通而八達、游士之所湊也、今齊君之所習而狎者、非鮑國之私人、則崔田之黨也、

此一段深達大体

游士無所植其足矣、游士無所植其足、則憑軾結轍而遠之、游士之所以去、則治象之所以不存也、晏子問曰、聖人尚儉、於傳有之乎、子華子曰、有之、夫儉、聖人之所寶也、所以御世之具也、三皇五帝之所留察也、晏子曰、嬰聞之、堯不以土階為陋、而有虞氏怵戒於塗髹、其尚儉之謂與、子華子曰、何哉大夫之所謂儉者、夫儉在內不在外也、儉在家不在物也、心居中虛以治五官、精氣動薄、神化回濟、畜與所以出而謹節與所受與儉神守泰定而精不搖其格物也明、其遇事也剛、此之謂儉、而聖人之所寶也、所以御世之具也、三皇五帝之所留察也、何敢大夫之所謂儉者、夫視入以為出、庚氏之職業也、操贏而制餘、商賈子之所為也、中人之家、計口然後食、閭里之志也、乃若天子者大宮也、有天下者大器也、臨萬品、御萬民、窮天之產、盡地之毛、無有不共、無有不備、然則古今常尊之勢也、奈何而以閭里之所志、商賈子之所為、庚氏之職業、仰而議夫堯舜之量哉、此腐儒之所守、而汙俗之所以相欺者也、土階塗髹之說、野人之所稱道、而於傳所不傳者也、本闕之堯屋於衢室之宮、垂衣而榮幅、邈如神明之屋、輯五瑞以見群后、帯幅湊而入覲者、如衆星之拱北、堯則若固有之也、舜遊于巖廊之上、被袗衣而鼓五絃之琴、盈日月於太常、備十有二章、黼黻玄黄爛如也、出則有鸞和、動則有佩環、步趨中於韶之節、舜亦若固有之也、夫堯舜之備物也如此、而悪有所謂土階三尺、茅茨不剪者、悪有所謂塗髹以自怵戒者、此腐儒之所守、而汙俗之所以相欺者也、故記所不道也、桀紂之亡天下也、以不仁而不以奢也、戒奢者有礼存焉、礼之所存、可約則約、可豊則豊、豈有攬四海之賦、受九垓之経、入而土階以居、欲以塗髹而不敢也、其不然也必矣。

拓或作石

且先王之制也、改玉則改行、旂旒冕瑑、以示登降之
品、今汙世人不通于礼也、處尊而偪賤、居大而侵小、
夫以王公之尊、而圉隸以自奉、雖為其下矣、不惟以
陋於厥躬也、而又旁無以施其族黨、上不豐其宗祧、
曰吾以是為儉也、不亦夷貊之人矣乎、晏子曰、善、微
吾子嬰無所之聞也、終不敢以論約、

執中 七

子華子曰道之所載四出拓坦有足若斯踐之矣夫
何故乎故也恢潘濈澒而無不容一與二〻與三吾
不知其悠然而同謂之平夫何故虛故也惟虛為能、

集道惟平爲能載道無所於閡無所于忤虛之至也左不偏於左右不偏於右無作惡〔好〕也無作惡也如懸衡者然平之至也心胸之兩間其容幾何然則歷陸嶔嶇太行鴈門横塞之靈臺之閑勺水之不關通而奚以有容嗜欲炎之好憎氷之炎與氷交戰焉則必兩相傷者矣是故章四攝則裂胃中滿則咆薄氣散喑惴怖發狂積憂損心心氣乃焦故曰一虛一平而道自生一平一虛而道自居

大道八

子華子曰大道有源其源甚真名曰空洞空洞無有

是生三元三元之功回立於玄縱而守之是謂三極
衡而施之是謂三紀上下貫焉是謂三才一之所成
萬紀以生一之所綱萬有以藏是故空者無不備之
謂也洞者無不容之謂也大道之源其源甚眞無物
不稟無物不受無物不度廣盡於無眇細淪於無間
付畀稟受而不加貧酬酢應對而不匱加故曰通于
一萬事畢此之謂也
子華子曰仰而視之玄在焉俛而察之玄在旁行而
四達玄在焉迎而望之玄參乎其前也揠足窅行去
而遠之玄體乎其後也是故玄無乎不在也人能守

玄〻則守之不能守玄〻則舍之
子華子曰火宿於心炎上而排下其神躁而無準人之暴急以取禍者心使之也木宿於肝觸突千抵而鋭其神猖柬而無當人之樸戇以取禍肝使之也金宿于肺壓割而不屈鬱而不能仰也其神鬪踈而無法人之訐决以取禍者肺使之也水宿於腎瑟縮以湊險其神伏而不發人之婞婟脂韋以取禍者腎使之也脾宿於脾磅礴而不盡其滲漉也下注而不止其神好大而無功人之重滯溢訥以取禍者脾使之也火氣之喜明也木氣之喜達也金氣之喜辨也水

此篇隱論五大

氣藏也土之氣發生也是故事心者宜以孝事肝者宜以仁事肺者宜以義事腎者宜以知事脾者宜以誠實而不詐五物宿於其所喜五事宜施其所宜外邪之不入内究之不泄夫是之謂善究

北宮意問八

北宮意問曰、上古之世、天不愛其寶、是以日月淑清而揚光、五星循畧而不失其次、鳳凰至、蓍龜兆、甘露下、竹實滿、流黄出、朱草生、敢問何所修爲而至于是也、子華子曰、異乎吾所聞、夫禎祥瑞應之物、有之足以備其數、無之不缺於治也、聖王不識也、君子不道也、治世所無有也、上古之世、居有以虛、寧多以少、所以同於人者用舍也、所以異於人者神明也、神明之運、其由也甚微、其效也甚徑、與變相蕩遷、與化相推移、陰陽不能更、四序不能虧、洞於纖微之域、通于恍惚之庭、挹之而不冲、注之而不滿、彼其視鳳凰麒麟也、豢牢之養爾、彼其視醴液甘露也、畎澮之寫尒、彼其視芝房竹實、凡草木之異者、畦圃之毓爾、彼其視玉石瓌怪、凡種々之族者、篋襲之藏爾、故曰聖王不識也、君子不道也、治世所無有也、昔者有虞氏彈五絃之琴○以歌南風之詩○而光被四表○格于上下○周公之佐成王也。市膳不徹於前。鐘鼓不解於懸。而歌雍咏句。六賦承德。凡禎祥瑞應之物、有之足于滿其數無之不缺于治、聖王已沒、天下大亂、父子質性、君臣失紀、未有甚於今日也、然且日月星辰㣽陳于工、與治世同焉而已矣。故曰知道。遠。人道。邇、詩書存而襲吉、福之末也、顛蹶望拜而謁焉、其侍則薄矣、故聖王不識也、君子不道也、治世所無有也、吾恐後世之人方主、且睢〻盱〻、唯此之事、而為人臣者巧詐誕譎、以容悅於其君、舍其所當治、而責成于天、借或氣然而數繆也、忽(自)奏鐘其變者、色澤狀貌、非耳目之所屬

是此言屬時與言卷出
夫

也、于是奉以為祥、君臣動色、士庶華聽、以至作為聲歌而荐之于郊廟、錯采繢畫、而以夸諸其臣民、奄然、以為後世莫永之如也、彼其却教于上世、其所謂豢牢之養也、咀嚼之寫也、畦圃之毓也、蒸襲之藏也、章章焉如日星之在上也、乃始矜跂而以為希有之事、夷世而不可以革異者也、甚矣、其亦弗該於帝王之量者矣、

子華子居於荃、北宮意公仲承侍、縱言而及于醫、子華子曰、醫者、理也、理者、意也、藥者、瀹也、瀹者、養也、腑臟之伏也、血氣之留也、空竅之塞也、關鬲之礙也、意

其所未然也、意其所將然也、察於二然者、而謹訓于理、夫是之謂醫、以其所有餘也、而養其所之也、以其所益多也、而養其所損也、又其所養、則益者彌損矣、又其所養、則有餘者彌乏矣、察于二又者、而加䟽淪焉、夫是之謂樂、故曰醫者理也、理者意也、藥者淪也、淪者養也、比宮意曰、正唯是世俗之醫所不能為也、雖然、意聞之也、有所資于意、不如無意之為愈也。有所待於養。不如無待之為愈也。敢問人有精神也、其升降上下、與晝夜相通也、與天地相灌注也、其為種凡有覺、子華子曰、意善哉而之問也、觸類以演之、進乎此、則與知道者謀矣、吾次其所以學也、而擇取之矣、夫天降一氣、則五氣隨之、寄備于陰陽、合氣而成體、故有太陽、有少陽、有太陰、有少陰、々中有陽、々中有陰、故陽中之陽者、火是也、陰中之陰者、水是也、陽中之陰者、木是也、陰中之陽者、金是也、土居二氣之中、間以治四維、在陰而陰、在陽而陽、故物非土不成、人非土不生、北方陰極而生寒。々生水、南方陽極而生熱。々生火。東方陽動以散而生風。々生木。西方陰止以收而生燥。々生金。中央陰陽交而生濕。々生土。是故天地之間、六合之內、不離于五、人亦如之、血氣和合、榮衛流暢、五臟成就、神氣舍心、魂氣畢具、然後成人、是故五臟六腑、各有神主、精稟于金火、氣諧於水木、精氣之合、是生十物、精神魂魄心意志思智慮是也、生之所自謂之精、兩精相薄謂之神、隨神往來謂之魂、並精出入謂之魄、所以格物謂之心、心有所憶謂之意、意之所存謂之志、志之所造謂之思、思而有所顧慕謂之慮、慮而有所決擇謂之智、夫於智十累之工也、至於智則知所以持矣、知所以持則知所以養矣、榮衛之行、無失厥常、六腑化穀、津液化陽、故能久長而不弊、流水之不腐、以其逝故也、戶樞之不蠹、

以其運故也、是以精上則滯、神慆則伏、意拘則沉、䰟
散則耗、心悸則惑、志欝則惱、意營則罔、思溢則殆、慮
殫則蒙、智礙則愚、故所謂持者、持此者也、所謂養者、
養此者也、意善哉而之問也、觸類以演之、進乎此則
與知道者謀矣、公仲子曰、夫子之言也、而之問也、誠
也淂所未之嘗聞、如發蒙焉、願夫子益其說、而揩徵
其所以鮮也、子華子曰、然、言固不可以一言而足也
夫心也、五六之主也、精神之舍也、心之精為火、其氣
為離、其色赤、其狀如覆蓮、其神為朱鳥、其竅上通於
舌、肝之精為木、其氣為震、其色青、其狀如懸瓠、其神

為蒼龍、其竅上通於目。肺之精為金、其氣為兌、其色白、其狀如懸磬、其神為伏虎、其竅上通于鼻。腎之精為水、其氣為坎、其色黑、其狀如介石、其神為玄龜、其竅上通于耳。脾之精為土、其氣為戊己、其色黃、其狀如覆缶、其神為鳳凰、其竅上通于口。是故脾腎心肝肺、五官之司、口舌耳鼻目、五官之候、脾之藏意、腎之藏精、心之藏神、肝之藏魂、肺之藏魄。金木水火土、五精之總也、寒熱風燥濕、五氣之聚也。水以潤之、火以燥之、土以溽之、木以敷之、金以斂之、此以其性言也。水之洌也、火之炎也、土之蒸也、木之溫也、金之清也。

此以其氣言也、水在下、火在上、土處中、木在左、金在右、此以其位言也、水之平也、火之銳也、土之圜也、木之曲直也、金之方也、此以其形言也、水則因、火則革、土則化、木則變、金則從革、此以其材言也、水井洫也、火爨治也、木金器械也、土爰稼穡也、此以其事言也、夫盈于天地之間而充物者、唯此五物也、凡五物之有不可無也、其所無不可有也、微者養之使章、弱者養之使強、損者養之使益、不足者養之使有餘、無物不養也、無物不備也、夫是之謂和、喜怒哀恐、思不能汩也、視聽言貌、思不能奪也、夫是之謂太和之國、無待於意而為醫、太和之俗、無待于養而為藥、不以物滑和、不以欲亂情、中無載、載則道集於虛矣、心無累則道載於平矣、安平恬愉、吐故納新、靜與陰同閉、動與陽俱開、若是者由人而之天、合于太初之三氣矣、以之正心修身治國家天下、無以易於此術也、吾之說盡于此矣、二子拱而退、書以識之、

神氣十

留務茲湛子華子游者十有二年目相屬而言不接也業成而辭歸將隱居于五源之溪子華子曰天下之物有甚滑稽而難持者女知之矣乎疾之則脫緩

之則濫焉以遊非捉圜之謂也而所謂善持者能為之於庭除之間令女之所治吾無間然者矣然子之志則廣取而汎與者也吾恐汝之後夫擇者也其將有剽女之外郛而自藝其宮庭者矣登女之車而乘之以馳騁於四郊者矣取女之所以為璧者毀裂而玉分之者矣夫道固惡乎不傳也不傳則妨道又惡於不得其所以傳也不得其所以傳則病道今女則往矣而思所以慎厥與也則於吾無間然者矣

子車氏之猳、其色粹而黑、一產而三豚焉、其二則粹而黑、其一則駁而白、惡其弗類於己也、嚙而殺之、決裂其背腸縻盡而後止、其同于己者字之唯謹、而恐其傷也、子華子曰、甚矣心術之善移也、夫即鄉和異同而意怵於愛憎、雖其所自生、殺之而弗悔、而況非其類也乎、今世之人、其平居把握、附耳呫呫、相為然約而自保其固、曾膠漆之不如也、及勢利之一接、未有毫釐之差、獄然而交手已、又從而隨之以兵、甚矣心術之善移也、無以異乎子車氏之假、

宋有澄子者、亡其緇衣、循塗以求之、見婦人衣緇衣焉、援之而弗舍、曰、而以是償亦矣、婦人曰、公雖亡緇衣、然此吾所自為者也、澄子曰、而弗如速以償我矣、

我昔所亡者紡緇也、今子之所亡者禪緇也、以禪緇而當家之紡緇也、而豈有所不得哉、子華子曰、夫利之惛心也、幸於得而已矣、忘其所以爲質者矣、幸于得而忘其所以爲質、夫何所憚而不爲之哉、今世之人、求其不爲隥、子者亦寡矣、

子華子曰、今世之人其無幸歟、川闕水以成川、世闕人、而爲世、如河之下龍門也、疾、如箭之脫筈、人壽幾何、而朔以有待也、治古之時、積美于躬、如膚革之就充、惟恐其不脩、弗憂于無聞、如擊考鼓鐘、傳以四達、繹如也、今則不然、荒飈怒號、而獸秀者先隕、霜露霄零、

而未卓立槀、婞市之徒、又從而媒孽以鬯揺之、是以
萌意于方寸、未有毫分也、而觸機穿、展布其四體、未
有以為容也、而浮拱梏、懷抱其一槩之操、泯泯默默、
而頗有以試也、而漫漫之長夜、特未旦也、疾雷破山、
澍雨如霔、鷄喑于塒、而失其所以司晨也、人壽几何、
而期以有待也、今世之士、其無幸歟、

子華子

清·嚴可均輯

清光緒二十年(1894)刊《全上古三代秦漢三國六朝文》本

程本

本齊人時稱程本子亦稱子華子與孔子同時

授趙簡子使者書

主君之亡臣某不能東脩越在諸侯以爲主君憂臣聞之物局於所甘士局於所守主君之亡臣不佞而有四方之志其敢以爲執事者之所辱夫巨陵崇而穴成於上狐狸藏矣谿谷深而淵成於下魚鼈安矣松柏茂而陰成於林塗之人則蔭矣主君之亡臣不

大三百一十四
小二百三十四

使賓有隱衷惟執事者昭明其所存如日月之升以光燭於晉國將四海之士重繭狎至以承主君之令聞夫豈唯亡臣亡臣雖復野死以寘溝卹其敢忘主君之賜唯執事者財幸焉子華子上案子華子僞書漢志隋唐志所不載姑錄之至呂氏春秋引有五事則先秦古書也

子華子

子華子曰全生爲上虧生次之死次之迫生爲下呂氏春秋貴生高誘注子華子古體道人

子華子曰丘陵成而穴者安矣大水深淵成而魚鼈安矣松柏成而塗之人已蔭矣呂氏春秋先已

子華子曰王者樂其所以王亡者亦樂其所以亡故烹獸不足以盡獸嗜其脯則幾矣然則王者有嗜乎理義也亡者亦有嗜乎暴慢也所嗜不同故其禍福亦不同呂氏春秋誣徒

子華子曰厚而不博敬守一事正性是喜羣衆不周而務成一能

盡能既成四夷乃平惟彼天符不周而周此神農之所以長而堯舜之所以章也呂氏春秋知度

子華子見昭釐侯昭釐侯有憂色子華子曰今使天下書銘於君之前書之曰左手攫之則右手廢右手攫之則左手廢然而攫之必有天下君將攫之乎亡其不與昭釐侯曰寡人不攫也子華子曰甚善自是觀之兩臂重於天下也身又重於兩臂韓之輕於天下遠今之所爭者其輕於韓又遠君固愁身傷生以憂之臧不得也昭釐侯曰善敎寡人者衆矣未嘗得聞此言也呂氏春秋審爲

賜進士出身二品銜廣東等處提刑按察使司按察使兼管驛傳事務黃岡王毓藻校刊

全上古三代文卷七終

子華子十卷

清·金之俊評閱

清雍正間刊本

子華子九篇序

程子華本蓋已聞道焉而後進學於聖人故能傾蓋而顧相語終日甚相善也且云取束帛以贈先生又云程子天下之賢士也方其初見郯子而以爲異乎吾所聞曰夫禮先王所以定之也非所以擦之也夫禮所以開之也非所以暴之

也先王之道所以修己而治人者若之何其禮以定之又若之何其禮以閑之與此其故非循途守轍而未聞道者所可幾又非致虛守寂而已聞道著所能及已然不遇於趙而聚帑將行焉則有曰訾吾反自鄭聞語於孔子屬屬焉不忘于心孔子之所志其過人也遠矣

日者主君之召也孔子轍環於河滸而弗肯以濟援琴而寫志命之曰臨河之操其亂曰河之水洋洋兮丘之不濟此命也夫孔子之所以弗至是乃所以行之也是夫子之志而子華知之夫子之行而子華知之因以其去趙者學吾夫子之弗至趙也自趙適齊復往見從

吾夫子之季沈而語之曰仲尼天也其可違物而奠處乎其可絕物而自營乎日月不宇宙四指必迸所鄉矣仲尼人之準繩也又曰夫子軫方而轂圓者也將無乎而不可我則有所可也夫以我所可而從夫子之無乎不可逝將從其後也是夫子之所以為天而子藝知

之夫子之所以爲人而子華知之夫子之所以爲方爲圓而子華無不知之因以其有所可者學吾夫子之無乎不可也子華子可不謂善學聖人者哉故夫子用齊而晏嬰是沮則謂之隱戮謂之違天而黷明且云違天而黷明神則殛之雖大必折雖炎必撲荒落而類圮

敗而族夫是之謂隱戮又云徙恃其智腹之私與其狡譎變詐之數翕翕而訾訾巧觝而深排以幸人之不勝己也又曰虛愒而恫疑且懼人之出于其上也疑似之迹未明同異之志未講而壅之蔽之使不得以植立也子華之於晏嬰蓋不齊雷霆之而鈇鉞之矣子龔子

不用於齊退食晏氏而必以夫子之疏雷霆鈇鉞乎晏氏若此者是亦有所不容已於夫子矣是亦有所不容已于夫子之不容已於天下而不容已於後世矣推此志也雖與春秋爭烈可也九篇之辭理明義確其原本於圖書出入于黃老者蓋極深研幾而一歸諸性命

之正是古今學術之淵源也聖賢敎法之樞紐也獨北宮子仕一篇纔欲有聞而未適所定北宮氏之門人過傳之弗麗於九篇之次也

雍正五年歲次丁未冬十有二月

堯園李嶶行部苓塞諸邑敬題

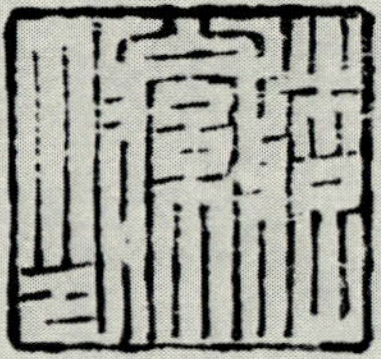

鳴時蠶叢魚魚銅陵鹿鹿管
窺蠡測未問子雲之奇擱籥
聞鐘却步眉山之峻歷井參
而觀光
三國奉
綸綍而承之中丘鵲嶺樸天學揉

霽根濟世礪濵磨劍頹飲清滴明操郭巨金提長存田氏紫荆猶在馮唐之名不老魯庵之跡聿新獨多子華雯昭邑乘論禮論儉帝王御世之規言、廢言興造化乘權之妙

著書苓塞遍轍郯齊遇
孔子傾蓋而譚眞是有美一人
命仲由束帛以贈遂成當季
知已訪尋世系蒼天留程氏
子孫拜謁玄廬塚草帶周時
雨露無何編章遺後至今殘

斷未刋先覽有靈
吾命督刻評閱出自
天才指透千年玄奧訂正歸于
詩識點破一嵓沉迷黎棗增光
蓬泜生色藏書石室特祀西
闕新廟告成短聯安就道德

素王執友文章諸子宗師統

以成

上德哉可以章子華矣謹序

雷鳴時頓首書

刻子華子序

經之畔而道之裂也起於子之興乎而子之興起於後之人知有作而不知有述其知有作而

不知有述也輕於視作也而古之人則重於視述者也孔子曰述而不作先儒推明其功過於作者故至今立言之祖

歸焉迨夫後也家立一
標人操一喙獵新釆異
靡所届極雖作者起實
不能出乎其藩矣則又
摭拾陳言附會已臆守

轍滋其前陋務勝啟其後疑而尊經守道之士憂江河之不返至謂書存於秦亡於漢翻致恨祖龍氏之焰之不再烈

也於乎豈定論哉蓋言
之畔經裂道也皆其後
世無述者也而其翼經
衛道者述之功又安可
少乎程子華氏邢之中

丘人周末隱君子一見
孔子契之與齊大夫嬰
稱久敬交其人志潔行
芳殆所稱聖人之徒歟
著有子華子十篇舊簡

多斷闕龍甲鳳毛亦存
其見於世者耳今取其
書而讀之雖其言未必
爲經於道實有見處且
經仁緯義世教攸關洵

有用之言也中丘雷令
蜀銅陵聞人尚賢好古
令邑之始首校邑乘卽
詢所爲子華子者表章
之旣新其祠復校讎其

書付剞劂以行書成問
序於余余聞之過高人
之廬者則式之經昔賢
之里則停車而不忍去
至闕里則下而拜焉夫

地以人重過而吊者猶起高山景行之想況身涖其土爾一方長哉是則雷令表章前哲意也而是編之梓則述之功

无不可泯焉故樂次其
語以弁之因以期夫今
之學者人以尊經守道
爲任毋弁髦正傳依附
傍門至以竺乾重譯刑

名捭闔之書蓋雖制科
使畔裂之端滋之自我
尋以横議處士開罪聖
門庶幾經中於天而道
行於地則茲刻爲不徒

哉如謂余言不信請取
孔氏之旨衷之
北海嵇生甫方之翰

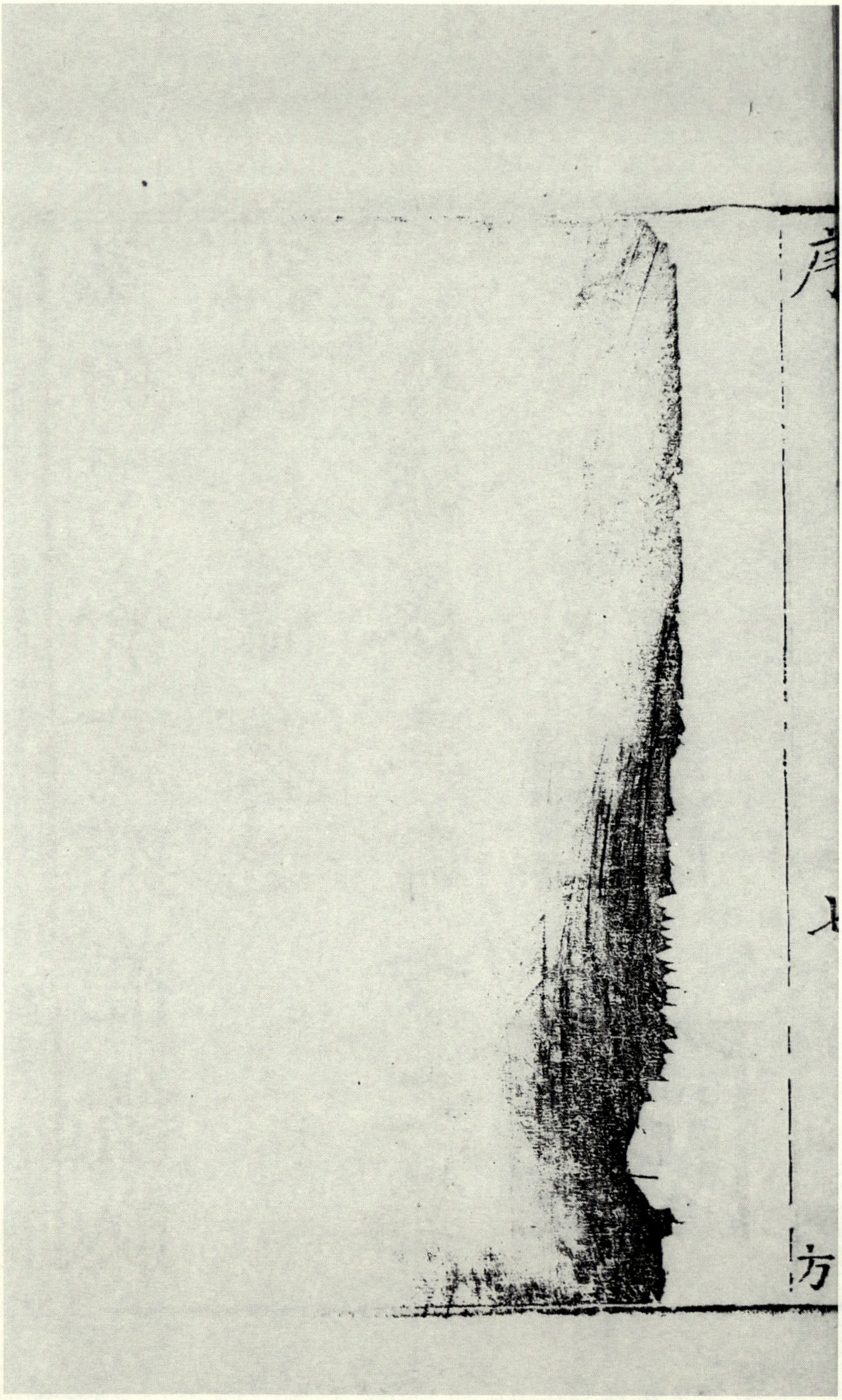
方

子華子序

護左都水使者光祿大夫臣向言所校讐中子華子書凡二十有四篇以相較復重十有四篇定著十篇皆以殺青書可繕寫子華子程氏名本字子華晉人也晋自頃公失政政在六卿趙簡子始得志招來賢儁之士爲其家臣子華子生于是時博學能通墳典丘索故府傳記之書性闓爽善持論不肯茍容于諸侯孔子遇諸郯歎曰天下之賢士也簡子欲仕諸朝而不能致乃遣使者奉纁幣聘以爲爵執圭是時簡

子殺竇犢及舜華孔子爲作臨河之操子華子亦遂迯不肯起簡子大怒將脅之以兵子華子去而之齊齊景公不能用也子華子館于晏氏更題其書曰子華子簡子卒襄子立子華子反于晉時已老矣遂不復仕以卒今其書編離簡斷以是門人弟子共相綴隨記其所聞而無次序非子故所著之書也大抵子華子以道德爲指歸而經紀以仁義存誠養操不苟于售惟孔子然後知賢齊大夫晏平仲與之爲久要之交當時諸侯以勢相軋爭結怨連禍日以權譎事

子華子之言如持水納石不相讎答卒以不遇可爲

酸鼻謹錄目臣向昧死上

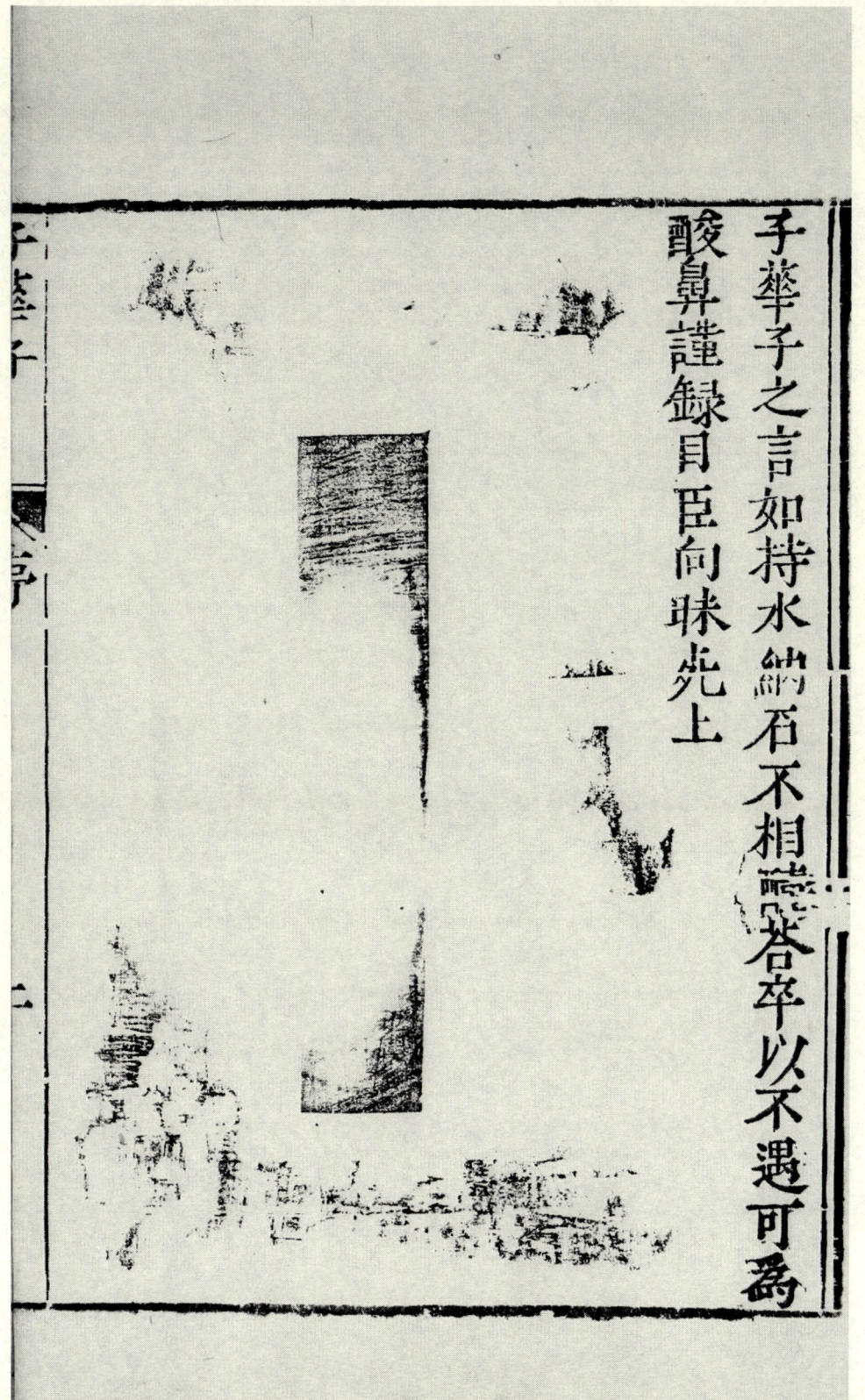

子華子傳

子華子姓程氏名本字子華晉大夫趙氏家臣程嬰之孫也嬰本程伯休父之後休父當周宣王時爲大司馬封於程後遂爲氏焉及晉靈公之世趙氏盾爲晉上卿當國盾之族子穿弑靈公盾不能討晉人歸罪於盾景公立會盾亦卒司寇屠岸賈謀於衆曰賊臣弑君子孫在朝何以懲罪請誅其後大夫韓厥止之賈不聽遂殺盾之子朔盡滅其族公孫杵臼謂程嬰曰胡不

死嬰曰朔之妻有遺腹若幸而男吾奉之即女
也吾徐死耳既而朔妻免生男即文子武也賈
聞而索之杵臼謂嬰曰立孤與死孰難嬰曰立
孤亦難耳臼曰子爲其難我爲其易者二人謀
取他嬰兒負以文裾匿杵臼家嬰乃詒諸將曰
嬰不能立孤誰能與吾千金吾告趙氏孤兒處
諸將皆喜許之發師隨嬰攻杵臼臼曰小人哉
程嬰與我謀匿趙氏孤兒今又賣之怨乎抱兒
呼天曰趙氏小兒何罪諸將遂殺杵臼與兒嬰

乃得保孤兒俱匿山中居十五年值晉景公病卜曰大業之後不遂者爲祟景公問韓厥厥知孤兒存乃曰大業之後在晉絶祀者其趙氏乎公問趙尚有後乎厥具以實告遂召孤兒武立之殺屠岸賈嬰謂孤兒武曰昔我不能死思立趙氏後耳今子既立趙宗復我將下報趙盾與臼武號泣止之嬰不可遂自殺武服衰三年爲祭邑春秋祀之世世不絶子所謂吾之宗君厥有大造於趙宗者是也武卒子成嗣是爲景子

戌卒子鞅嗣是爲簡子子華子實當其世子生而賦性閎爽博學能通墳典丘索故府傳記之書善持論顯於當世韓魏相與爭侵地子華子見昭僖侯昭僖侯有憂色子華子曰今使天下書銘於君之前書之言曰左手攫之則右手廢右手攫之則左手廢然而攫之者必有天下君能攫之乎昭僖侯曰寡人不攫也子華子曰甚善自是觀之兩臂重於天下也身亦重於兩臂韓之輕於天下亦遠矣今之所爭者其輕於韓

又達□□□□二十□□□不得也聘僖侯曰
善哉教寡人者衆矣未嘗得聞此言也嘗適鄭
歸遇孔子於途頃盖相語終日甚相親也孔子
贈以束帛稱曰天下賢士恆隱居於苓塞存誠
養操授學門弟子不苟售於諸侯簡子聞其賢
將用之使使者將幣以聘爵以執圭騁簡子戮
竇鳴犨斃舜華逖吾丘鴆乎孔子赴其召至河
聞之而反乎蕐子知其不可應也再拜其使而
再辭之將聚帑以行其弟子北宫意强之卒見

三

簡子簡子再拜而迎之請致戎邑於子華子子華子固辭而歸明日遂去趙適齊簡子不說燭過謂簡子曰彼庶人也而傲侮公上法所弗置也簡子曰而士以兵之燭過以兵至苓塞則子華子之行者五日矣燭過反命曰無及也簡子悔之使使者於齊而使董安于寓書以招之子華子稽首再拜以肅使者於庭而授之書微露其所以不就簡子意其情切其辭娩簡子得書讀之心媿召其子無恤而戒之曰燭過小人也

實使我獲罪於彼吾且殃汝必反之慎勿忘也無恤曰諾子華子居齊齊景公亦不能用與齊大夫晏嬰為友交相善也居無何簡子卒子無恤嗣子華子乃自齊歸已老不復仕召子元而訓之曰吾雖不釋於簡主而趙則吾姓之所宗事也今主君之為人强毅而法能忍而無匿提提而不回且受人之覩言其將光啓我趙氏之業而大其前人吾且老矣而不得以相其成爾[illegible]人其勿有二心以事主君及智氏之難襄子

其國乃東遷於邢程氏蓋盡室從之也故子華
子卒葬於吾邑之西鄙而今有墓存焉其後世
裔孫祀之歷世不絕當其時其及門弟子有北
宮意陽城胥渠留務茲公仲承季沈諸子共相
[illegible]記其平日論議問答之言暨其出處行事緝
而成書曰子華子凡二十有四篇略無次序逮
秦始皇帝下焚書之令程氏後裔爲石函秘藏
其書得不滅於煨燼及漢光祿大夫劉向典校
書籍於天祿乃去其重複者凡十有四篇定爲

十篇繕寫以上布之中外今其書行於世贊曰子華子之能賢其氣數然邪彼士紳起寒素顯登名位人將曰此其先世隱德有報施也趙氏且斬嬰竭力保孤兒復趙祀且以死報主此其隱德實難乃其後有子華子稱天下賢士宜哉

內丘後學崔數仞譔

子華子上卷目錄

子華子卷之一

春秋晉人程本子華子著

明後學禾郡金之俊彥章甫評閱

陽羨陳景璐彥夫甫

東魯王復性未孩甫

北海方之翰朝曦甫訂正

清源趙秉衡平甫甫同訂正

川南雷鳴時君令甫督刻

陽城胥渠問

陽城胥渠因北宮子以見子華子曰胥渠願有所謁也夫太初胚胎萬有權輿風轉誰轉（二字疑）三三六六誰究誰使夫子聞諸故記者審矣其有以發也胥渠願系其餘子華子曰噫嘻本何足以識之請以嘗試言之而子亦嘗試而聽之夫混茫之中是名太初實生三氣上氣曰始中氣曰元下氣曰玄玄資于元元資于始始資于初太真剖割通三而爲一離之而爲兩各有精專是名陰陽兩兩而三之數登于九而究矣是以棲三陰之正氣于風輪其專精之名曰太玄棲三

中和二字出得有根據丞中庸注疏

陽之正氣于水樞○其專精之名曰太一○太一正陽也○太玄正陰也○陽之正氣○其色赤○陰之正氣○其色黑○水陽也○而其伏爲陰○風陰也○而其發爲陽○上赤下黑○左青右白○黃濟于中宮○而五運流轉○故有輪樞之象焉○水涵太一之中精○故能潤澤百物○而行乎地中○風涵太玄之中○精○故能動化百物○而行乎天上○上赤之象○其宮成離○下黑之象○其宮成坎○夫兩端之所以平者○以中存乎其間故也中名未立兩端不形是以坎離獨幹乎中氣中天地而立○生育萬物○新新而不窮○陽

可思

微妙

氣爲火火勝故冬至之日燥陰氣爲水水勝故夏至之日濕火則上炎水則下注鳥飛而上魚動而下物類相動咸本相應孰究其所以來誰使其所以然因其然也然不然也然乎然不然乎不然吾亦不知其所以然也夫是之謂萬化原上决而成天下决而成地旣已决也命之曰中决必有所合也命之曰和中和玄同萬物化生夫是之謂三三六六陽城胥渠曰微夫子之言吾幾于不靈子華子曰噫嘻本何足以識之請以嘗試言之而子亦嘗試聽之子華子曰夫

貫載莫破無如此疏得明白

道生即同生之鮮而迫字更醒刎動人

道一也○我與道而爲三矣○而我之○百骸○九竅○毛髮○膏

澤○藏○腑○肝○膈○吹○嘘○吸○引○滋○液○吐○納○無非道也○自此以

往○大撓甲子○所不能紀也○是故道立于一○而萬物之

變也○百事之化也○散而爲萬殊○瀹淪而無涯○古之知

道者○務全其生○務全其生者○不忘其所有也○不忘其

所有者◎道之守也◎道之守者◎神之舍也◎是故全生者

爲◎上◎虧◎生◎者◎次◎之◎死◎次◉之◎迫◎斯◎爲◎下◎矣◎所謂全生者

六欲皆得其宜也○所謂虧生者○欲分得其宜也○夫

虧生則于其所尊者薄矣○其虧彌甚○則其尊彌薄○所

謂死者。無有所知而復其未生也。所謂迫生者。六欲莫得其宜也。皆獲其所甚惡者也。辱莫大于不義。不義者。迫生也。故曰迫生不如死。人之常情。耳聞而目見也。耳聞所甚惡。不如無聞。目見所甚不欲。不如無見。是以迅雷則捲耳。此故也。所貴乎嗜梁肉者。非腐鼠之謂也。所貴乎飲醇醴者。非敗酒之謂也。所貴乎尊生者。非迫生之謂也。夫迫生之人。鞠窮而歸。故曰迫斯爲下矣。

公仲承問于程子曰、人有常言、黃帝之治天下也、百

鬍胡古或通用

神出而受職于明堂之庭帝乃采銅于首山作大爐焉鑄神鼎于山上鼎成群龍下迎乘彼白雲至于帝鄉群小臣不得上升攀龍之胡力顫而絶帝之弓裹墜焉于是百姓奉之以長號名之曰烏號之弓而藏其衣冠于橋陵信有之乎程子曰否甚矣世之好詭怪也聖人與人同類也類同則形同形同則氣同氣同則知識同矣類異則形異形異則氣異氣則知識異矣人之所以相君長者類也相使者形也相管攝者氣也相維持者知識也人之異于龍龍之異于鼎

硬盖誕　問

鬨之異于雲。言之辯也。惡足以相感召而實使之邪。其不然也。必矣。甚矣世之好譎怪也。吾聞之太古之聖人。所以範世訓俗者。有直言者。有曲言者。直言者直以情貢也。曲言者。假以指喻也。言之致曲。則其傳也久。傳久而僞。則知者正之。僞甚而殺亂。則知者止之矣。黃帝之治天下也。其精微之感。蕩上浮而下沉故爲百福之宗爲百福之所宗則是百神受職于庭也。帝乃采銅者（緑疑錬）緑剛質也登彼首山就高明也作爲太爐鼓陽化也神鬥熟物之器也上水而下火二氣

盡出義責治象

升降以相濟中和之實也群龍者衆陽氣也雲者龍屬也帝鄉者靈臺之關而心術之變也帝之謂所類也形也氣也知識也雖與人同爾然而每成而每上也每成而每上則其精微之所徹達神明之所適其去人也遠矣群小臣知識之所不及者也攀龍之胡有見于下也不得上升無見于上也有見于下無見于上者士也上下無見者民也弓裘衣冠者帝所以善世制俗之具也民無見也懷其所以治我者而已矣故帝之逝也號以決其慕藏以奉其傳此假以指

喻之言也而人且亟傳以相詆欺甚矣世之好譎怪
也千世之後必有人主好高而慕大以久生輕舉而
爲羨慕者其左右狡詐希寵之臣又從而逢之是將
并心于黃帝之所造者矣夫人之大常生而少壯轉
而爲衰老轉而爲死亡聖凡之所共也上知之所弗
能免焉者也且自故記之所傳若存而若亡大庭中
黃赫胥尊盧以來所謂聖人者不一族吾誠恐大圜
之上嶢榭聯累雖處什伯不足以處也而復何所主
宰臣何所使而其昏昏默默以至于今也是不然之

甚者也。肰而世之人知者歆羡愚者矜跂甚矣世之好譎怪也。大〔太疑大〕周之九鼎禹之所以圖神姦也。黃帝之鑄一。禹之鑄九。其造爲者同。而所以之適焉者頗異是可以决疑矣。且世之傳疑也。不惟其傳。昔宋有丁氏。家故無井而出溉汲焉。常一日而一人居外。憋其如是也。鳩工而穿井于庭。家相語曰。今吾之穿井于庭得一人矣。有聞而傳之者曰。丁氏穿井而得一人也。國人更相道之。語徹于宋君。召其人而質之。丁氏對曰。自臣穿井。家獲一人之力。非得一人于井也。是

說禮甚精節可由而不可知之謂也

故黃帝之神明是井中人之譬也知者正之是宋君召其人而質之之譬也千世之後必有人主好高而慕大以久生輕舉而爲羨慕者其左右狡詐希寵之臣又從而逢之是將井心于黃帝之所造者矣此吾所以反之復之而不能自己者也小子志之

郯子以達于禮聞于諸侯子華子亟往從之見郯子焉子華子曰異乎吾所聞夫禮先王所以定之也非所以搖之也夫禮所以開之也非所以暴之也青黃黻黼文章之觀盡而五色渝宮徵還激生生之聲是

而八音汨陸有罝水有網罟而雅羽伏鱗無以孳其生矣。詩不云乎。潛雖伏矣。亦孔之昭。今郯子非徒搖之也。又從暴之也。郯子而達于禮樂。異乎吾所聞。蕭駕而起。遵塗而歸。

禮所以闢之禮疑樂

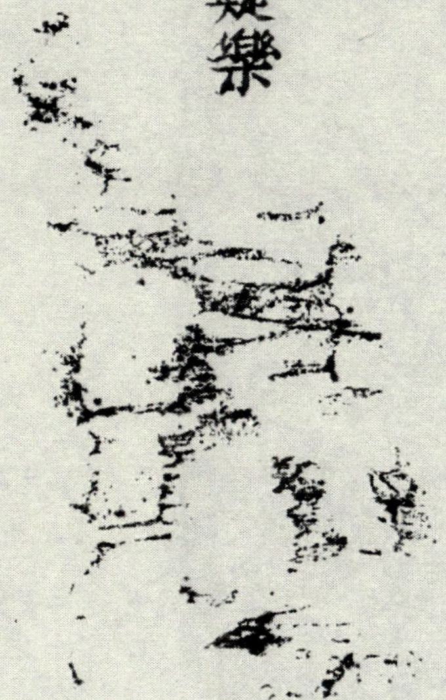

子華子卷之一終

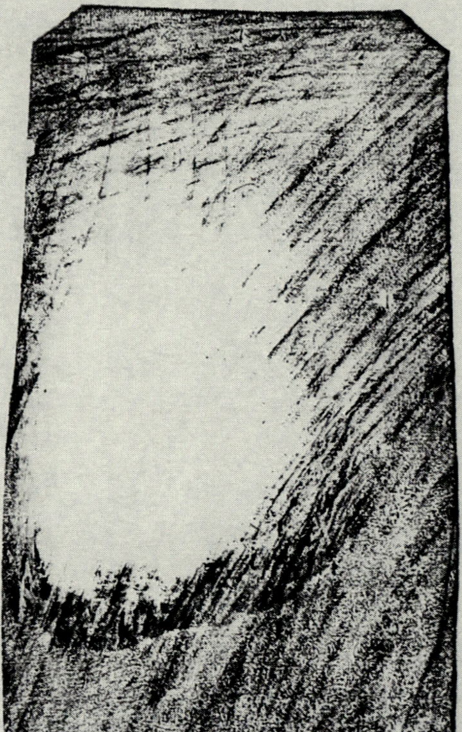

子華子卷之二

春秋晋人程本子華子著

明後學禾郡金之俊彦章甫評閲

孔子贈

子華子反自郯、遭孔子于途、傾蓋而顧、相語終日、甚相親也、孔子命子路曰、取束帛以贈先生、子路屑然而對曰、由聞之、士不中間見、女嫁無媒、君子不以交禮也、有間又顧謂子路、子路又對如初、孔子曰、固哉由也。詩不云乎。有美一人。清風婉兮。邂逅相遇。適我

風氣揚

願兮。令程子天下之賢士也。于斯不贈。則終身弗得見矣。小子行之。

子華子曰、惟道無定形。虛凝爲一氣。散布爲萬物。宇宙也者。所以載道而傳焉者也。萬物一也。夫孰知其所以起。夫孰知其所以終。凝者主結。勇者嘗散。一闢一歛。萬形相禪。太古之時。澹泊恬愉。鹿聚麕居。其知徐徐。其樂于于。夫是之謂宇。有無以相反也。高下以相傾也。盛盈蚡息以相薄也。龐洪蘆符以相形也。由是以生。由是以死。由是以虧。由是以成。夫是之謂宙。

積誠二字與法家異

宇者情相接也宙者理相通也是故惟道無定形虛凝爲一氣散布爲萬物宇宙也者所以載道而傳焉者也

子華子曰夫言之所以感爲響響欲絕而感已移意之所以將爲思思未華而事前輟何則精神之所弗包焉故也七十九代之君法制不一號令不齊而俱王于天下明旌善類而誅鋤醜厲者法之正也其所以能行焉精誠也精誠不白則無以王矣其在後世以急刻而責恕以謟僞而課忠言非其願意非其眞

而保人之弗叛悲夫是正坐于仄室也是白之縣而黑之募也是從櫂于陸而發軔于川也其亦不可以幸而幾矣是以欲治之君將以有爲于是者必先正其本術定其精而不摇保其誠而弗虧夫然後出言以副情端意以明指世雖亂也俗雖汚也而曰感不效于影響者吾斯之未能信

子華子隱居于苓塞趙簡子將用之使使者將幣于閭曰寡大夫乏使使下臣敬修不腆以勤先生之將命者子華子反幣再拜以肅使者而進之于庭又拜

受而進疑受階

而授、辭曰、主君之民某如獲罪矣○其敢逃刑以其弗齋之故○而適抱薪纆之憂○且有間間疑閒則我請造于朝○其敢重辱我主君之命使者曰、寡大夫且有緒言○使下臣敬致諸執事○惟是晉國之寵靈願與先生共之○先生不遠勤而旣以行○請祿從者○以爵執圭子華子辭、而進、再拜、而言曰、主君之民某未有職業于朝也○且有惡疾○不堪主君之命○弗敢以與聞○再拜、而送、使者、于門、反、其室、聚、絫絫疑孥將、行、其、子、弟族立、而疑北宮子曰、意聞之、身修于私○名升于公○古今之通誼也○主君國之宗卿也政所自出以禮交而弗荅無乃不可乎子華子曰吾以爾爲可以忘言也而猶（句法）有萌焉夫萌于中必豐于外其意之謂矣且彼召我者夫豈徒然哉必有以處我者矣爲人之所處者不得安其所自處矣是故古之人慎于其所以處也昔者吾友自郯聞語于孔子屬屬焉不忘于心孔子之所志其過人也遠矣日者主君之召也孔子轍環于河濟而弗肯以濟援琴而寫忘命之曰臨河之操其亂曰河之永洋洋兮丘之不濟此命也夫孔子之所以弗至是乃所

巧字下疑落我字之字疑衍

絕好詞命

以行之也。意吾以爾爲忘言也。而猶有萌焉。夫以小入之所察。而量君子之心。意爾其殆矣。北宮子遂强以見趙簡子。簡子聞子華子至。再拜而迎曰。不穀得奉社稷之靈。以撫有四封之内。先君有禮所以貺寡客。而交際之紀。廬人實與治之。吾子辱而在予敝邑有日矣。以歲之不易。而隸人有朝夕之虞。顧致戎邑方三四十里。若五六十里。以爲芻秣之共。吾子其曾意以臨之。子華子曰。臣也不武。年運而往矣。顛毛種。懼不任君之事。以爲司敗憂也。君有四圍以扞四方臣弗堪也明日子華子行食于菟亭之口北宮子曰主君未有失也絶人之善意而又刬迹以去之夫子所以責人者太察矣子華子曰然非爾所及也夫主君之志大而求遠其所以望于我者厚則吾無以堪其求矣且爾亦聞牧野之事乎周之六師壓郊而陳武王韈係解焉有五臣者將受誓事于前王顧而使之係五臣者相目而對曰臣之所以事君王非爲係者也王不得已乃釋旄鉞而親係之夫人君能致其臣能有所不爲然後可以責之以有爲人臣能有

所不爲然後能無不爲也本也未能無不爲者也能有所不爲矣二

子華子違趙趙簡子不說燭過典廣門之左簡子召而語之以其故燭過對曰彼庶人也而傲侮公上法所弗宥也且無以爲國矣簡子曰而士以兵之燭過至茶塞子華子之行者五日矣燭過反命曰無及也簡子悔之使使者于齊而使董安于寓書以招之子華子稽首而來再拜以君命使者于庭而授之辭曰主君之亡臣某不能束修越在諸侯以爲主君憂臣聞

之○物寓于所其士寓于所守主君之亡臣不佞而有四方之志○其敢以爲執事者之所辱○夫丘陵崇而穴成于上○狐狸藏矣溪谷深而淵成于下○魚鱉安矣松栢茂而陰成于林塗之人則蔭矣○主君之亡臣不佞○實有隱衷○惟執事者○昭明其所存○如日月之升以光○燭于晉國○將四海之士重繭（字法新）狎○至○以承主君之令聞○夫豈惟亡臣○亡臣雖復野死○以寘溝圳（圳疑畎从巛）其敢忘主君○之賜○惟執事者財幸焉○簡子得書召無恤而戒之曰燭過小人也實使我獲罪于彼（彼疑本）吾且死汝必反之愼

不忘也襄子曰諾

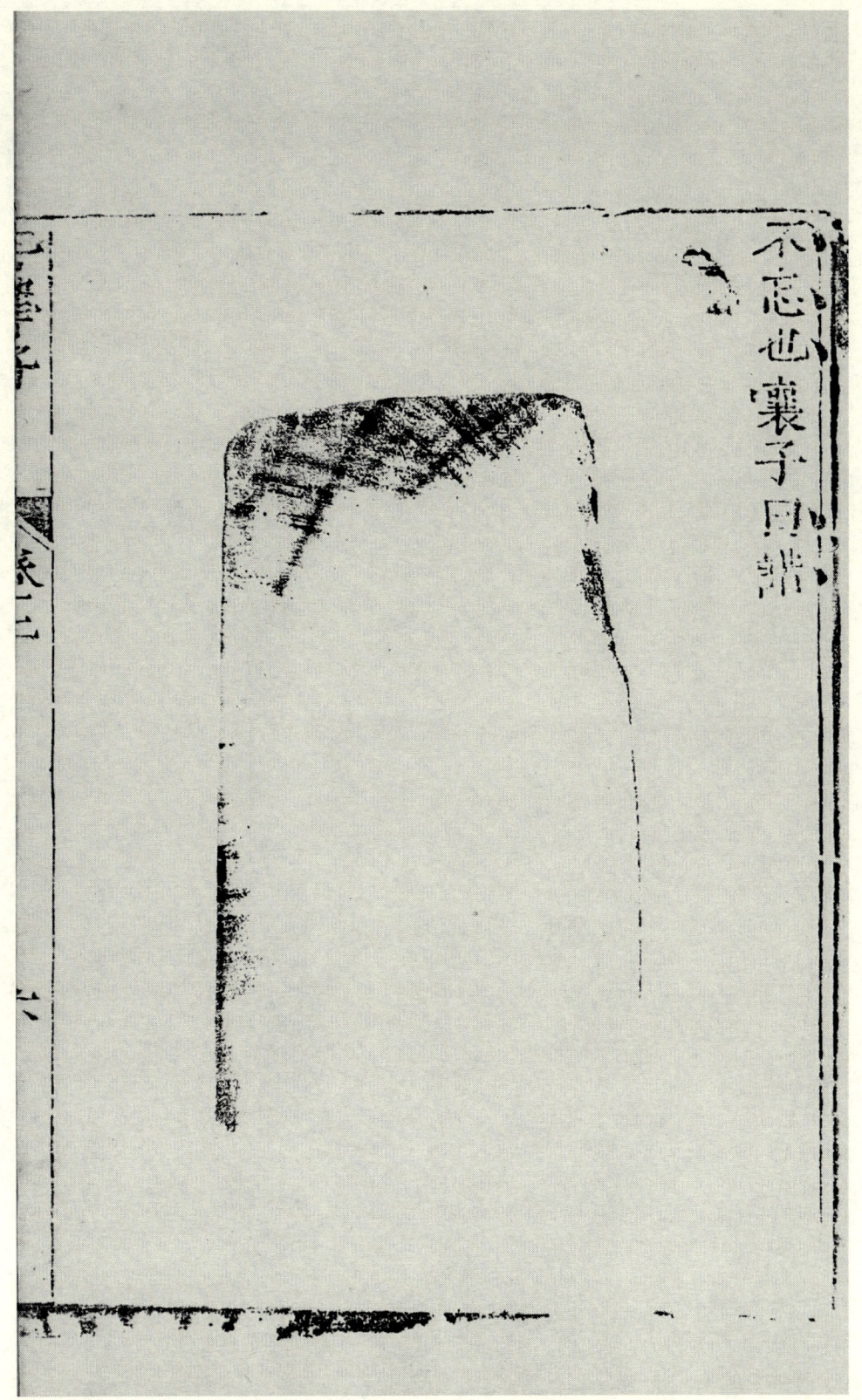

子華子卷之二終

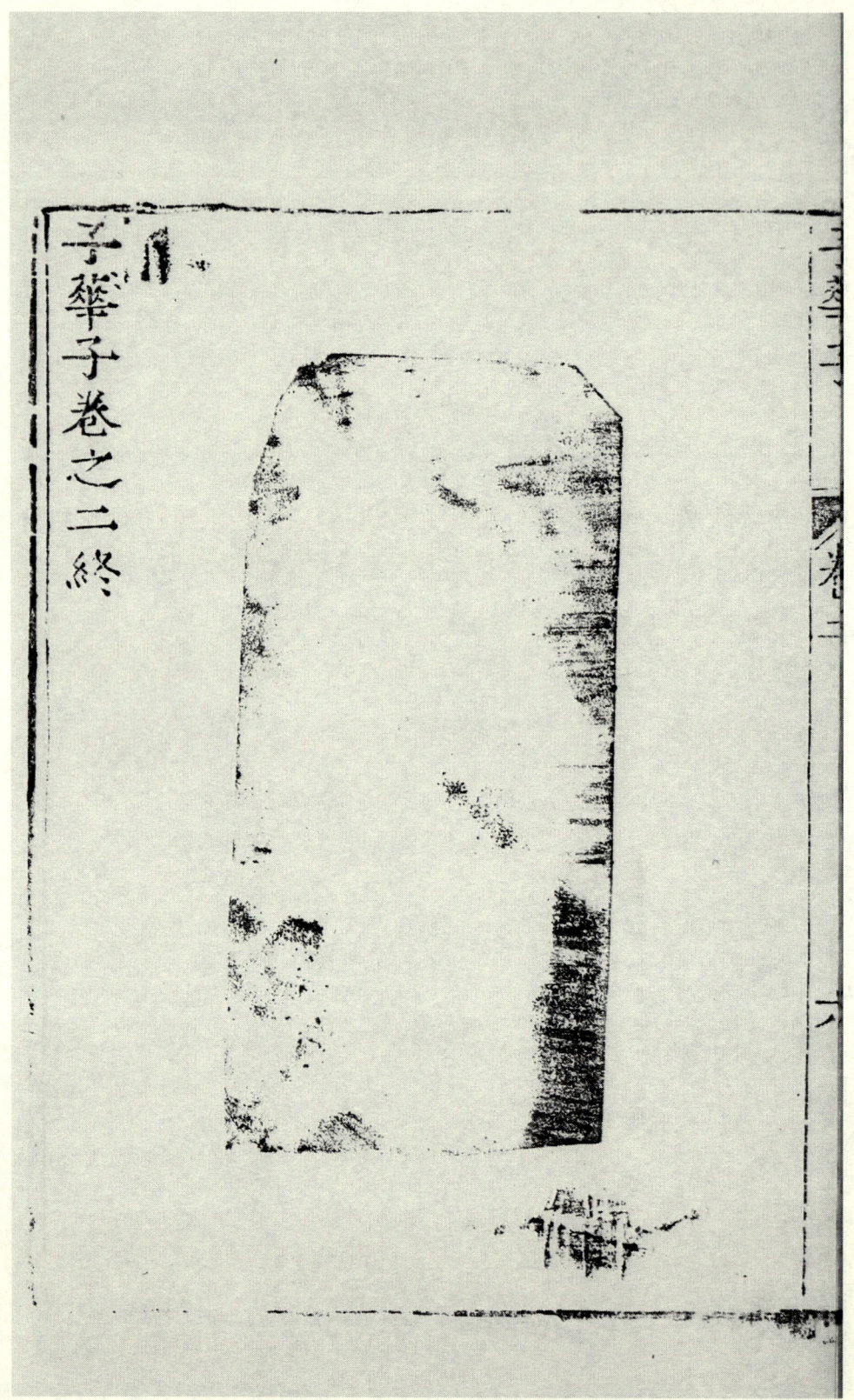

子華子卷之三

春秋晋人程本子華子著

明後學禾郡金之俊彥章甫評閱

北宮子仕

北宮子將仕于衛子華子曰意來子之所以自事其
心者亦嘗有以語我乎北宮子曰意未得以卒業也
以是樵蘇之弗繼糊其顧頰于人雖然謹志其所欲
爲予善而遠其惡也庶幾于完子華子愀然變乎容
有間曰意是何言歟是主意善奚足願而惡奚足違吾語者。

儒家論心無如其精微

聖人不出天下潰潰日趨于迷欲以有已而卒于喪
已欲以達之于人而卒于失人凡以善故王者作興
將以濯滌今世之惛怓去善其殆可乎哉善弗去亂
未艾也而又奚以善為比宮子曰嘻有是哉願畢其
說子華子曰人中虛圓不徑寸神明舍焉事物交滑
如理亂棼如湠驚浸一則以之怵惕一則以之忌諱
一則以之懲創是則一日之間一時之頃而徑寸之
地如炎如氷矣夫所謂神明者其若之何而堪之神
弗留則盡明弗居則耗而又奚以善為古之知道者

泊兮如太羹之未調譝譝兮如將孩隨推而遷因蕩
而還其精白津津若遺而復存其神明休休常與道
謀去羨去慕孰知其故今子之言曰謹志于為善則
不善者將誰與邪達子之所惡則惡將誰歸邪予而
勿受歸而勿納則必有忿悁之心起而與我立敵矣
以我矜願之意而接彼忿悁之心何為而不鬭鬭且
不止小則嚚凌詬誶大則碎首穴胷夫以若之言而
幸于完其幾于殆矣北宮子曰嘻若是其甚也子華
子曰有甚哉吾語若禍之所由起亂之所由生皆存

乎欲善而違惡今天下老師先生端弁帶而說乃以
是召亂也學者相與薰沐其中扃而亦惟此之事是
事禍也父以是故不慈子以是故不孝兄以是故不
友弟以是故不恭夫以是故不帥婦以是故不從君
以是故不仁臣以是故不忠大倫盡敗人紀消亾結
轍以趨之而猶懣其弗及也悲夫石碏欲完其名而
殺厚公子輒欲專其國而拒蒯聵寤生克叚忽出而
奚入季友鴆慶父叔向誅鮒雍糾之妻尸糾于朝莊
仲子欲託其祭（[illegible]）于魯而先斃其室先君厲公一言而

宣尼四毋正中虛內不實半點也

殺三郤華督父并忽于與夷毛舉其目尚不勝爲數也是皆名爲求得所欲而能遠所不欲者矣然大倫數敗人紀消亡結轍以趨之而猶恐其弗及也悲夫吾語若亂之所由生禍之所自起皆存于欲善而違惡夫人之中虛也不得其所欲則疑得其所不欲則惑疑惑戢于中虛則荆棘生矣父不疑于其子子必孝兄不疑于其弟弟必恭夫不疑于其婦婦必貞君不疑于其臣臣必忠是還至而效者也百事成而一事疑道必廢三人行而一人惑議必格大道之世上

下洞達○而無疑志○堯舜三代之王也○無意于王而天下治◉所循者直道故也○是以天下和平○天下之所以平者○政平也○政之所以平者○人平也○人之所以平者○心平也○夫平猶權衡然○加銖兩則移矣○載◎其◎所◎不◎欲◎其◎爲◎銖◎兩◎者◉倍◎矣◎故曰矜功者不立○虛願者不至○非惟不足以得福○而行又以召禍○故吾不悅于子之言○今子亦于其所養○而直以行之○何往而不得○何嘗而不就○而又奚以善爲○且善不可以有爲也○堯曰君之何而善于子之事○舜亦曰君之何而善于子之事○是

上與下爭爲善也上與下爭爲善是兩實也兩實則
烏得平平不施焉則惡得直失其所以平直則堯無
以爲堯矣舜無以爲舜矣吾子謹志于堯舜也而又
奚以善爲北宮子之衞主于叔車氏叔車氏有寵于
衞君國人害其嬖而將討之北宮子喟然歎曰吾爲
是違夫子之言也是以獲戾于此也吾何以衞爲哉
其所以爲臣而歸

晏子治阿三年毀聞于朝公不悅召而將免焉晏子
辭曰臣知過矣請復之三年而舉國善之謡言四達

治亂存兩間可爲千古炯戒

公將致其所以賞晏子辭焉公曰何謂也晏子對曰昔者臣之所治君之所當取也而更得罪焉今者臣之所治君之所當誅也而更得賞焉非臣之情臣不願也子華子聞之曰晏子可謂直而不阿者矣晏子之辭受其可以訓矣（字法敘）齊之橆也固室夫人之常情擧同于己者助同于己者愛同于己者愛之反則憎必有所去矣助之反則擠必有所在矣譽之反則毁必有所歸矣然而人主不之察也左右執事之臣從而得其所欲爲則不禁也世之治亂盖常存乎兩間齊

字義內有許大道理在

之蕪也固宜
子華子曰元太初之中氣也夫帝得之運乎無窮后
土得之溥博無疆人之有元百骸紐焉古之制字者
知其所以然是故能固其元爲宗其之完殘其所固
爲寇賊之寇加法度焉故曰殘固之謂寇毀賊則爲
賊夫穿垣竇發鐍鑰其盜之細也夫

子華子卷之三終

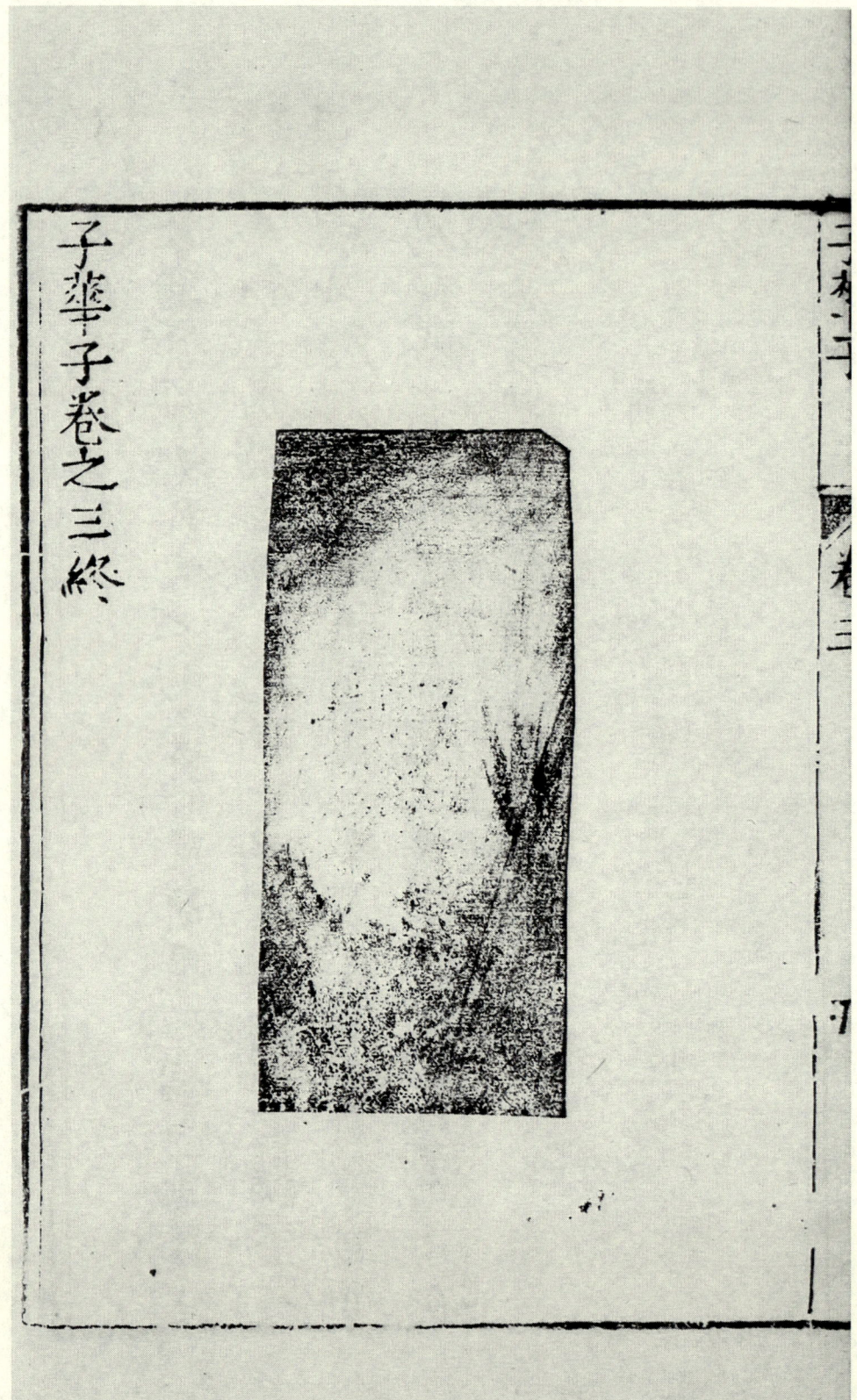

李斯諫逐客書與此篇主意議論俱同而風雅典則那得有此

子華子卷之四

春秋晉人程本子華子著

明後學禾郡金之俊彥章甫評閱

虎會問

虎會以其私問于程子曰、主君何如主也、程子曰昔堯舜在上○塗説而巷議○所不廢也○是是非非之謂士○試爲吾子言之○本也不敢以古事爲考○先大夫文子之志也○好學而能受規諫○立若不勝衣○言若不出口○身舉士于白屋之下者○四十有六人○皆能獲其赤心○

羞進也于義亦通

公家賴焉○及其沒也○四十有六人者○皆就賓位○是其無私德也○夫好學知也○受規諫仁也○無私德焉○忠也○江之源出于汶山○其大如甕口○其流可以濫觴○順滔而下○控諸羣字疑○荊廣袤數千里○方舟然後可以濟○此無它故也○所○受○于○下○流○者○非○一○罄○也○夫先大夫文子○其訓于是矣○是以有孝德以出公族○有公德以升在位○有武德以羞爲正卿○用能光融于晉國○顯輔其君○以主盟于諸侯○天下賴其仁○兵稍之不試者○垂十許年○今主君懋其勳庸○而光賁于趙宗○無以○則先大夫文

子是焉取則尚德率義以弘大其光烈其將有譽于四方也乃若范氏中行氏弗自克也而以覆其宗廟此則主君之所知也虎會曰辨矣夫子之言願少進也會得間而謁諸主君庶幾而有瘳程子曰詩不云乎王欲玉女是用大諫夫糾其邪志而濟其所乏是忠君之所留察也吾子其免行之矣本聞之山有猛虎林樾弗除江河納汙衆流是瀦昔者秦穆公以秦之士爲不足也起蹇叔于宛迎丕豹于鄭取由余于戎拔百里奚于市用彊其師以伉慧（慧慹）懷于斯時也晉

國翦焉惟秦是從是故國以士爲筋榦不可以不察也今主君之未得志也有竇叔子者推其後而進之有舜華者挽其不及而使之當于理有吾丘鴆者展布四體以爲紀綱之僕本聞之竇叔子之爲人也強毅而有立方嚴而不剸其事主也齊戒（拔髮祓）拔濯而無有回心舜華多學而強紀恥其所聞不惠于古初其立論挨挨而不可以奪吾丘鴆年十有五而始以勇力聞及其壯佼也四鄰畏之能以人投人以車投車其視太行之險猶之步仞之丘此三臣者舉晉國之選

也。主君之所與懋昭其庸。而光貴于趙宗者也。公室六分。河山之間。龜折而鼎立。范氏中行氏。不庇其社。而頹其宗。主君之所不刋。則繄此三臣之助。今無故而戮竇叔子矣。又斃舜華于野。以罪名不聞于國人。吾丘鴆恐焉。裹糧而之它國。主君其未之思邪。何其首尾之剌戾也。如是。則主君之所以遠于大競者也。吾子主君之信臣也。夫人誰無過。過而能改。心焉聖人之所畏也。今吾子能弗憚煩。而以其耿耿之思。務以箴主君之闕遺。將國人是賴。吾子其勉行之矣。

參管商謀矣

子華子見齊景公公問所以爲國奈何而治子華子對曰臣愚以爲國不足爲也事不足治也有意于爲則狹矣有意于治則陋矣夫有國者有大物也所以持之者大矣狹且陋者果不足以爲有也臣愚以爲國不足爲也事不足治也公曰然則國不可以爲矣乎子華子曰非然也臣之所治者道也道之爲治厚而不薄敬守其一正性內足羣衆不周而務成一能盡能旣成四境以平惟彼天符不周而同此神農氏之所以長也堯舜氏之所以章也夏后氏之所以勸

無不智之智疑知

也夫人主自智而愚人自巧而拙人君此則愚拙者請矣巧智者詔矣詔多則請者加多矣請者加多則是無不請也主雖巧智未無不智也以未無不智應無不請其道固窮為人主而數窮于其下將何以君人乎窮而不知其窮又將自以為多夫是之謂重塞之國上有諱言之君下有苟且之俗其禍起于欲為也其禍起于願治也夫有欲為願治之心而獲重塞之禍是以臣愚以為國不足為也事不足治也昔者有道之世因而不為責而不詔去想去意靜虛以待

先治太
追去治
余遠

不伐之言，不奪之事，循名覈實，官庀其司，以不知爲
道，以奈何爲寶。神農曰，若何而和萬物，調三光。堯曰，
若何而爲日月之所燭。舜曰，若何而服四荒之外。禹
曰，若何而治青北九陽奇怪之所際。是故此王者天
下以爲功，後世以爲能，以故記之所道，而君之所知
也。臣意而不知，方始而至于朝也，竊有疑焉。齊之所
以爲齊者，抑以異矣。鐘鼓柷圉（圉疑敔），日以抎考，而和聲不
聞，司空之刀鋸斷斷（斷疑斷），知也，而罪罟滋長，諸侯之賓客
（宋法新）膏其脣吻而爭進諫言，左右在廷之人主爲蔽蒙僮

貳謏世界不獨在朝左右

夫豎隸曉然皆知公上之有惛心也造爲謌謠以
君心君曾不知之也冕旒清晨位宁以聽愬焉以
人自耦君之心則泰矣夫其誰而顧背以其一介
鄙試嘗君之嗜好而以干其不測之禍臣竊而不
方始而至于朝也竊有疑焉夷考其所由來以君
心勝故也心勝則道不集矣羣臣之不肖者又[illegible]
揚之故其弊日以滋其固如性而君曾不之知也
以君之明疏瀹其所底滯而開之以鄉道孰能[illegible]
抑臣聞之萬物之變也萬事之化也不可爲也不

究也。因其言而推之。則無不得其要者矣。故臣愚[illegible]為國不足為也、事不足治也。公曰、洋洋乎而之所[illegible]言、吾欲以有說而無所措、吾辭而之道博大而無[illegible]吾所不能為也、嘗曰有以拂吾之陋心、子華子退[illegible]食于晏氏、

子華子往見季沈、季沈曰、自吾徒于夫子也、轍迹不[illegible]遺于四國、未有終歲以處也、夫子亦勤且病矣、哀也鄙人、不遍于夫子之量、天下失道、黑白溷溷、而吾夫子駕其說、將安之哀、將有以請而弗敢也、願質之子

吾子、子華子曰、然、仲尼天也。其可違物而與處乎。其可絕物而自營乎。日月不宇宙四指必迷所鄉矣。仲尼人之準繩也。仲尼之轍迹則病矣。而亦皇暇之恤。

季沈曰、敢問吾子之不試、何也。子華子曰、本也。何足以望夫子。夫子一句括盡夫子軫方而轂圓者也。將無乎而不可。我則有所可也。夫以我之所可而從夫子之無乎不可迹。將從其後也。

程子智足以知聖行且與沮溺諸人殊科

子華子卷之四終

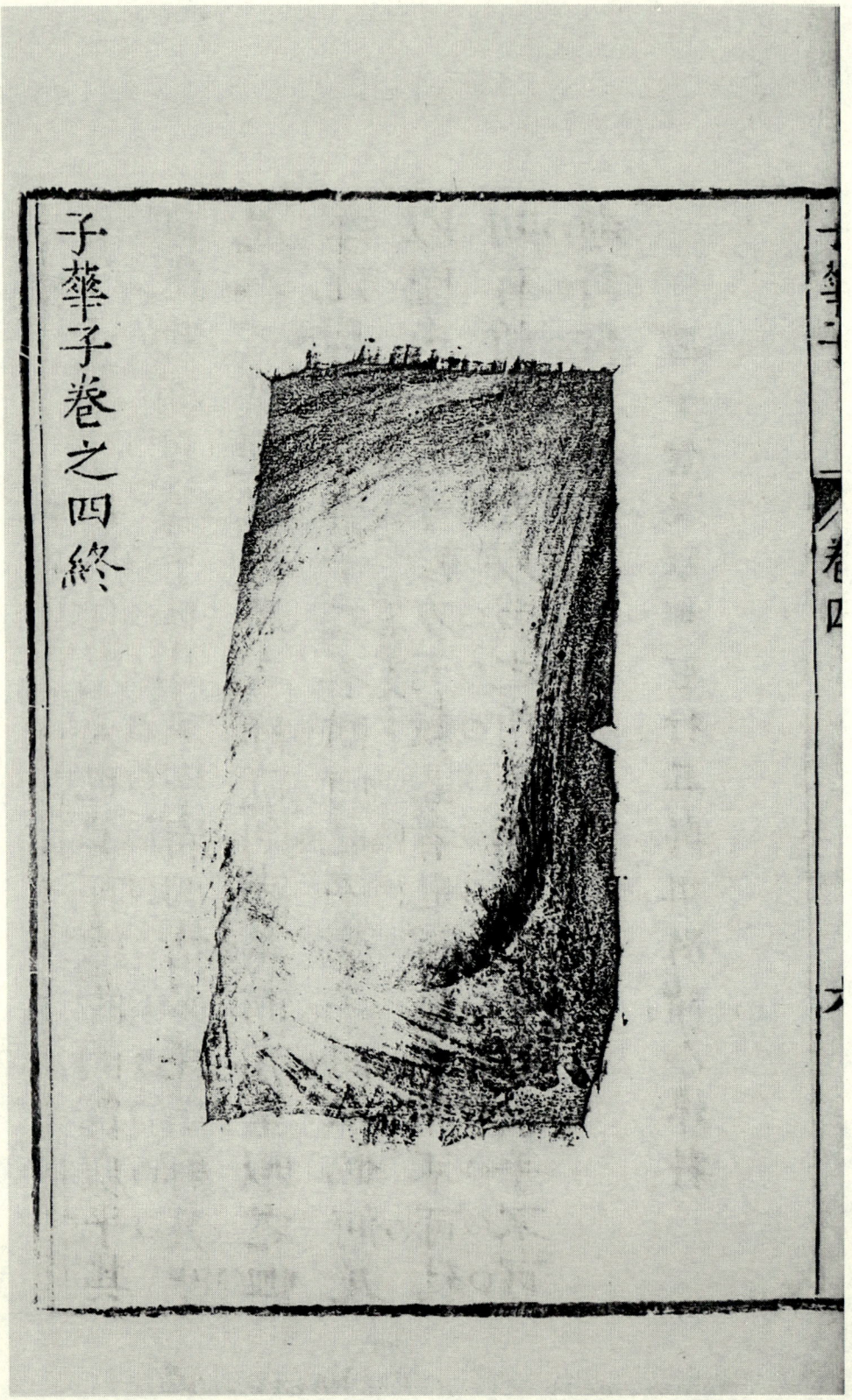

戮賢犯忌所以隱戮隨之

子華子卷之五

春秋晉人程本子華子著
明後學禾郡金之俊彦章甫評閱

晏子

子華子謂晏子曰天地之間有所謂隱戮者而莫之或知知之者其幾于道乎晏子曰何謂也子華子曰天地之生才也實難其有以生也必有所用也如之何其將壅之蔽之而使之不得以植立也天地之所大忌也日月之所燭燎也陰陽之所杌移也鬼神之

所伺察也。是以帝王之典。進賢者受上賞。不薦士者
罰及其身。善善而惡惡。其實皆衍于後。嘗試觀之。夫
物之有材者。其精華之蘊。神明之所固護而祕惜。不
可以知力窺也。蒙金以沙。固玉以璞。珠之所生。漩洹
之淵。而隈澳之下也。豫章梗枏之可以大斵者。必在
夫大山窮谷。孱巖嶇峿之區。抉剔之。掎摭之。剥削之。
苟不中于程度。則有虎狼蛟鼉虺蜴之變。雷霆崩墜
覆壓之虞。何以故。天地之生才也實難。其有以生也。
必有所用也。知之何其將壅之蔽之。而使之不得以

植立。是之謂違天而黷。明違天而黷明。神則殛之。雖大。必折。雖炎。必撲。荒落而類圮。敗而族。夫是之謂隱戮。隱戮也者。陰騭之反也。如以匙、勘鑰也。如以璽、印塗也。必以其類。其應如響。晏子曰、駭乎哉。吾子之言也。嬰也願遂其所以聞。子華子曰、大夫無甚怪于余之所以言也。余之所以言。其有以云也。今夫人之常情。為惡其毀也。戒惡其虧也。于其所愛焉者。則必有悋固之心。悋固之心萌于中。虛卒然而攻其所甚愛。則必曹起而爭。爭而不得。則必氣沮而志奪。氣沮而

猜嫉人能不瞿焉

志奪則拂然而怒填乎膺拂然而怒填乎膺則將無
與爲敵者矣天地之所以生材也甚愛之甚惜之則
其所以有恪固之心會何以異夫人之常情世之人
莫之或知也徒恃其胷腹之私與其狡譎變詐之數
翕翕而訾訾巧觝而潑排規以幸人不已勝也夫人
之勝人可也有天地之鑒也神明之照也甚可畏也
甚可怫也（字疑）如使之氣沮而志奪拂然而怒以克塞乎
兩間偏倶厓曆聚而爲陰陽之罰其中于人也必憏
矣是乃必至之勢而無足經怪者悲夫世之人莫之

以下三段引證應戰

或知○知之者其幾乎道矣○本晉國之鄙人也○嘗得故記之所以道者矣○昔先大夫欒武子之在位也夙夜靖共○矯枉而惠直○不忘其職守○而以從其君○厥有顯聞○布在諸侯之冊書○逮其嗣主則不然○弗類乎厥心○放命以自賢○怙寵專權○翦棄人士○圖以封殖于厥躬○國人疾視之如目有眯焉○日移其志以速厥罰○欒氏以亡○昔先大夫隨武子之在位也○明睿以博識晉國之舊老也○然則恂焉而不自居○惟曰余有所不見○惟曰余有所不知○惟曰余有所不聞○暝有所志○旦而升

諸公○是以晉國之士○無遺其材者○用能光融昭著○以
有立朝○父子兄弟○以世及世而爲晉宗卿○遠其嗣主
則不然○囂囂自庸○而巧持其非心○毁本塞源○甚于虺
蜮○惟諛佞之小夫○是暱是用○絜然知者遠之○灑然善
者○伏藏以在下○日移其志以遠厥罪○范氏以亡○昔先
大夫中行文子之在位也○拔職俊良○振其滯淹○人之
有技○能如出于厥躬○恪謹弗懈○惟力是視○是以能相
其君○以尋盟諸侯○遂其嗣主○以苛爲察○以欺爲明○以
刻爲忠○以計多爲善○以聚斂爲良○觜角摘齒○悉人之

軋已也門如鬧市惟利是視憸人乘間而會逢其惡
極其回邪如鬼如蜮日移其志以速厥罰中行氏以
亡凡此三主者晉國之世臣也所謂崇蘊隆而不
遷之宗也而又其先大夫皆有玄德以媚于上下神
祇其在嗣主荒墜厥訓以覆宗滅緒餒其先靈而不
得血食于晉國無宅故也恃其盛強昌侈而蔑棄于
理憑人而勝天藏伎于中而以之違天地之所恪固
是以其酷如是也而况于單族後門之士竊人之爵
禄而邀覬于一時之幸虛猲而恫疑且懼人之出乎

其上也。疑似之迹未明。同異之志未講。而壅之蔽之。使不得以植立也。則其得禍也。必有滎于晉之三主者。矣。夫築垣墉者。務其高而不務其實。高不隱仞而基傾之矣。以兩手而揜人之聰明。自以爲得也。而不知其聾瞽之疾已移于己也。悲夫。夫豈不爲之大哀矣乎。晏子曰。駭乎哉言也。微吾子。嬰無所聞之。嬰也請刻諸佩以志其不忘也。

晏子問于子華子曰。齊之公室懼。卑奈何。子華子曰。夫人有欲也。天必隨之。齊將卑是求。夫何懼而不獲。

自有肺腸豈可共國

昔者軒轅二十五宗故黄祚衍于天下于今未忘也宗周之王也姬姓之封者凡七十夫指之不能率其臂猶臂之不能運其體也今齊自襄桓以來斬斬焉朝無公姓野無公田帶甲横兵挾較而能戰非公士也結綬纚纚位列而籍居非公臣也公族之子若其孫散而之于四方惟童隷是伍公所以與俱者自有肺腸者也于詩有之豈無它人不如我同姓何以是踽踽而以臨于人上也齊將卑是求夫何懼而不獲今之人分財賄而設鉤策焉非以夫鉤策者爲能均

也。使善惡多寡無所歸其怨也。是以聖人窮造物以爲識量。然且龜卜筮蓍以爲决。所以立言于公也。聲出而應律。身出而協度。然且權量尺石以爲器。所以立正于公也。義識而理訓。舉天下無敢以容其議。然且書契章程以爲式。所以立信于公也。德澤汪濊。咸制宏遠。盡四海之大無不面納。然且法度禮籍以爲準。所以立義于公也。今齊則不然。所以爲國舉出于私矣。非止乎此而已也。而又公斂其怨。私受其福矣。公竊其名。私享其實矣。齊之志于公室也。非一日也。

故齊將畢是求。夫何懼而不獲。
子華子曰、昔先王之制法也。有本行焉。有末度焉。因而弗作。守而弗爲。去羨去慕。與四時合其叙。與寒暑一其度。不言而民以之化。不令而民以之服。是以能因則大矣。能守則固矣。夫有心于作法之細也。作而刻其眞法之原也。法也者。制世之麤迹也。而且不可以容心焉。而况于營道術乎。于傳有之。循道理之數而以輔萬物之自然。六合不足均也。七十九代之君其爲法不同。而俱王于天下。用此道也。

子華子卷之五終

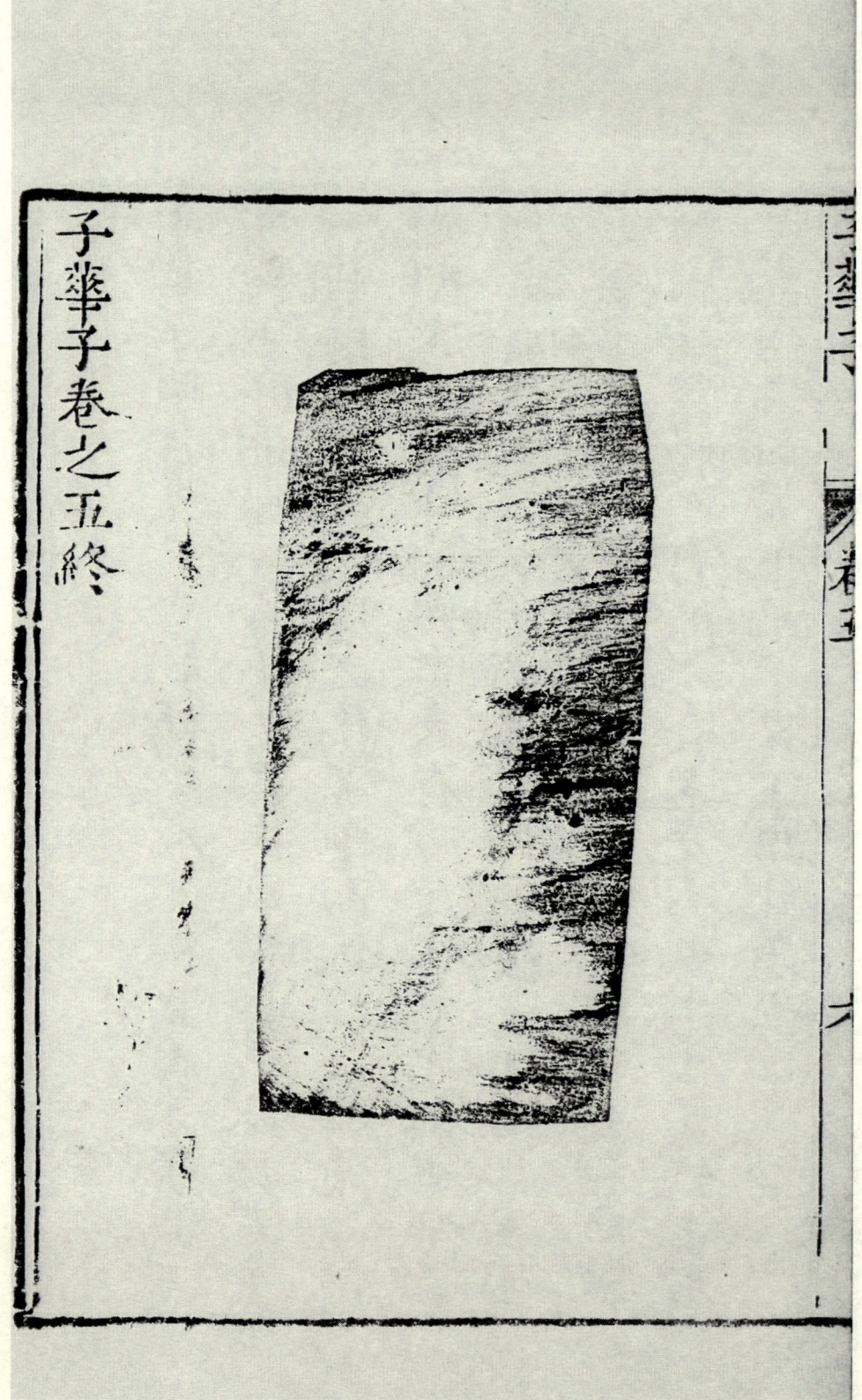

子華子卷之六

春秋晉人程本子華子著

明後學禾郡金之俊彥章甫評閱

陽羨陳景潞彥夫甫

東魯王復性未孩甫

北海方之翰朝曦甫訂正

清源趙秉衡平甫甫同訂正

川南雷鳴時君令甫督刻

晏子問黨

道破千古黨禍之根

晏子見于子華子曰目者嬰得見于公公惡夫羣臣之有黨也曰子將何方以弭之嬰無以應也吾子幸教以所不逮虛心以承子華子曰嘻君之反此言也（毛骨竦然）齊其殆矣乎游士之所以不立于君之朝以黨敗之也人主甚惡其黨則左右執事之臣有以藉口矣夫左右執事之臣其託寵也深其植根幹也固背誕兇黨之交布散雜立聯累羅絡而為之跡苟非其人也則小有異焉者不得以參處乎其中間也士以廉潔而自好者夫孰肯舍其昭昭以從人之昏昏洒焉若

可爲痛哭

禍大在朝其流毒也日異而月不同

將有憸焉必不容矣是以左右執事之臣因其修而隙之曰黨人也人君曾不是察隨其所甚惡而并心焉于是有流放戮辱之事夫士之自好者削斷數椽足以自庇而一簞之食足以糊口其孰肯以不貲之軀而投人主之所必怒者邪噫君之及此言也齊其殆矣乎小人之始至于齊也小異者不容而已矣今則疑似者削迹矣小人之始至于齊也婉嫟脂韋者未必御也今則服冕而乘軒者矣小人之至于齊爲日未數數也而其變更如此齊其未艾也人君曾不

好章法

嚮學議論那得如此危切

是察而左右執事之臣又原君之所甚惡因以嚮游士之修舉齊之朝將化而爲私人也日往而月易築壇級于公宮而君不得知也嘻君之及此言也齊其殆矣乎

句警言甚　好章法

子華子謂晏子曰夫治有象大夫亦嘗聞之矣乎晏子曰嬰願聞之于吾子矣子華子曰治古之時其君之志也端以有修其臣同德比義而無有異心朝無幸位事無失業其四野之外耒耜從其安遵畎以其便其民愿而從法疏而弗失上下翦翦惟其君之聽

盭氣伏息災異不作四鄰寢兵而珪玉纁幣以系其懽此非治象而云何今齊之正言不聞聰明不開朝茀而不除野荒而薦饑其去治象也遠矣無等級以寄言者矣本聞之下無言謂之喑上無聞謂之聾聾喑之朝上有放志而下多忌諱齊之謂也且合升勺龠合以登之斛廩則成矣泰山之高非一石之積也瑯琊之東渤澥稽天非一水之鍾也所以治國家天下者非一士之言也今齊之執事者其悖矣乎墨以爲明孤而爲蒼以一爲二以二爲三公不能禁也揎

臺搖齊君之病

黨與而護其所同忌異而排孤婞婀脂韋者日至于
君前固寵而恃便公不能禁也猶之買馬者然不論
其足力而以色物毛澤而爲儀則庇無走馬矣猶之
售玉者然不論其廉貞溫粹而無瑕者而以大小徑
廣爲儀則篋無連城矣惟士亦然論士不以其才而
以勢地爲儀則伊尹仲父不立于朝矣且齊之國也
表海而負嵎輪廣隈澳其遂之所出四通而入達遊
士之所奏也今齊君之所習而伊者非鮑國之私人
則崔田之黨也遊士無所植其足矣遊士無所植其

是則憑軾結轍而違之夫遊士之所以去則治象之所以不存也本聞之窮鄉下里其爲叢祠也不過于危酒而臠肉蕪國之社不難于請福今齊之蕉萃也甚矣所欲以爲治者不半于古之人而功則畧具矣夫子之于齊君也朝夕進見而猶固惜自愛也獨不出其謦欬而規以振起之夫子之仁心抑已褊矣晏子曰善儆吾子嬰無所聞之嬰之于君犬彘之臣也吾子之言之也嬰有罪矣

晏子問于子華子曰聖人尚儉于傳有之乎子華子

講儉字欵即老之云孔之約也

曰有之夫儉聖人之寶也所以御世之具也三皇五帝之所留察也晏子曰嬰聞之堯不以土階為陋而有虞氏怵戒于塗髹其尚儉之謂歟子華子曰何哉大夫之所謂儉者夫儉在內不在外也儉在我不在物也心居中虛以治五官精氣動薄神化回濡畜其所以出而謹節其所受然後神宇泰定而精不搖其（養生訣）格物也明其遇事剛夫是之謂儉而聖人之所寶也所以御世之具也三皇五帝之所留察也何哉大夫之所謂儉也夫視入以為出庾氏之職業也操羸而

制餘○商賈子之所爲也○中人之家○計口然後食○閭里之志也○乃若天子者大官也○有天下者大器也○臨萬品○御萬民○窮天之産○罄地之毛○無有不具○無有不備○此則古今常尊之勢也○奈何而以閭里之所志○商賈子之所○爲○度氏之職業仰而議夫堯舜之量哉○此腐儒之所守○而汙俗之所以相欺者也○土階塗髹之說○野人之所稱道○而于傳所不傳者也○本聞之、堯居于衢室之宮○垂衣而襞幅○遂如神明之居○輯五瑞以見羣后○帶幅舄而入覲者○如衆星之拱北○堯則若固有之

也。舜遊于巖廊之上。被袗衣而鼓五絃之琴。晝日月
于太常。備十有二章。黼黻玄黃。爛如也。出則有鸞和。
動則有佩環。步趨中于埜韶之節。舜亦若固有之也。
夫堯舜之備物也如此。而惡有所謂土階三尺茅茨
不翦者。惡有所謂塗髹以自怵戒者。此腐儒之所守。
而汙俗之所以相欺者也。故記所不道也。桀紂之亡。
天下也。以不仁。而不以奢也。戒奢者。有禮存焉。禮之
所存。可約則殺。可豐則腆。豈有覽四海之賦。受九畡
之經。入而土階以居。欲以塗髹而不敢也。其亦不然也。

必矣且先王之制也改王則改行旂旒冕璪以示登

降之品今汙（學下疑落之）世人不通于禮也處尊而偪賤居大而

侵小夫以王公之尊而圂隸以自奉雖爲其下矣不

惟（語嶲而宕）以陋于厥躬也而又嘗無以施其族黨上不豊其

宗祧曰吾以是爲儉也不亦夷貊之人矣乎晏子曰、

善、徵吾子、嬰無所聞之也、終不敢以論約

子華子卷之六終

子華子卷之七

春秋晋人程本子華子著
明後學禾郡金之俊彦章甫評閲

執中

子華子曰、聖人貴中、君子守中、中之爲道也幾矣、寓中六指、中存乎其間、兩端之建而中不廢也、是故中則不旣矣。小人恣睢好盡物之情而極其勢、其受禍也必酷矣。何以言之、朱明長羸不能盡其所以爲溫也、必隨之以揫斂之氣而爲秋、玄武泫陰不能盡其

言小人好盡之流禍

所以為寒也必隨之以數榮之氣而為春孰為此者天也天且不可以盡而况于人乎是故誠能由于中矣（此便是執中非執一）一左一右雖過于中也而在中之庭一前一郤雖不及于中也而在中之皇乃小人好盡則遠于中矣遠于中則必窘于邊幅而裂矣必觸于巖墻而僵矣必隧于阬塹而亡矣知以石而投之于淵也不極則不止悲夫天道惡盡而昧者不之知也古之君子齋戒以滌其心奉之而不敢失者其中之謂歟天地覆壓中不磨也陰陽並交中不渝也五色玄黄亂于前

出三入一數學于此矣

中不失也悲夫世之小人怏其志〔可畏〕于俄頃之久〔關之〕而促
失其所以爲中也危國亡身而不早悟也惟有惻然
而以中恒之恒之而〔原作爲〕不悟早也是之謂下愚而不可
動化者也

子華子曰、天之精氣其大數常出三而入一其在人
呼則出也吸則入也是故一之謂專二之謂耦三之
謂化專者才也耦者幹也化者神也凡精氣以三成
三者成數矣宓犧軒轅所柄以計者也赫胥大庭惝
怳如有所遺者也故曰出于一立于兩成于三連山

易之理不過平與虛

冰炎二字甚新

以之而呈形歸藏以之而御氣大易以之而立數也

子華子曰道之所載四出拓坦有足者斯踐之矣夫何故乎故也恢濇濛澒而無不容一與二二與三吾不知其攸然而同謂之平夫何故虛故也惟虛爲能集道惟平爲能載道無所于闋無所于忤虛之至也左不偏于左右不偏于右無作好也無作惡也如縣衡者然平之至也心腦之兩間其容幾何然則歷陸嶔嶇太行鴈門橫塞之靈臺之關勻水之不通而奚以有容嗜欲炎之好憎冰之炎與冰交戰焉則必兩

相傷者矣。是故革四擴則裂，胃中滿則克薄氣鬱喑

惼怫作狂，積憂損心，心氣乃焦。故曰一虛一平而道

自生，一平一虛而道自居。

子華子曰：王者樂其所以王，亡者亦樂其所以亡。

烹獸不足以盡獸，嗜其脯則幾矣。王者有嗜于理義

也，亡者亦有嗜于暴慢也。所嗜不同，故其禍福亦不

同也。

子華子曰：生者死之對，有者無之反，庳者隆之困，虧

者成之漸。大道無形，無數無名，無體，以無體故無有

太極一剖兩儀萬象統之乎數矣

生死以無名故無有有無以無數故無有隆庳以無
形故無有成虧既已域于四相者矣完不能無毀也
是以韋葦雖柔擴之則裂礦石雖堅攻之則碎剛柔
重輕大小長短雖不同也同于一盡故古之制字生
爲之破而文亦如之
子華子曰周天之日爲數三百有六十閏月之時春
數三百有六十天地之大數不過乎此五方之物其
蟲數亦如之鱗蟲三百有六十震宮蒼龍爲之長羽
蟲三百有六十離宮朱鳥爲之長毛蟲三百有六十

主翁醒然乃是義也。

兊宮麒麟爲之長○介蟲三百有六十○坎宮伏龜爲之長○倮蟲三百有六十○盈宇宙之間人爲之長一人之身○爲骨凡三百有六十○精液之所朝夕也○氣息之所吐吸也○心意知慮之所識也○手足之所運動而揩摋之所信屈也○皆與天地之大數適體而爲一○故曰天地○之○間○人○爲○貴○

子華子曰撞鈞石之鐘○六樂合奏于庭○所以爲樂也○而隱憂者臨之而逾悲○不○主○乎○樂○故○也○鬱搖而行歌○促絃而急彈所以爲憂也○而安恬者得之而逾歡○不○

纂其大昭

人心道心是一是二可以得中之所在

主于憂故也然則憂樂在外也所以主之者内也内之所感蒼蒼互色東西異區而昧者則不之知也故曰觀流水者與水俱流其目運而心逝者歟

子華子曰渾淪鴻濛道之所以爲宗也徧覆包涵天之所以爲大也照明顯融帝之所以爲功也道無依阿天無從違帝無決擇然則心烏乎而宅道心天也天心帝也帝心人也人之心莫隱乎慈莫便乎恕亦子匍匐使我心惻隱于慈故也陵波而先濟跋而望乎後之人便于恕故也此心之弗夫焉可以事帝矣

不違事而逆理便是中

可以格天矣可以入道矣此心之弗存焉道之所去
也天之所違也帝之所誅也古之制字者茲心爲慈
如心爲恕非其心也則失類而悲是以挾道理以御
人羣者庸詎而忽諸
子華子曰凡物之所有由者事之所以相因也理之
所以相然也軸之軸車由是以相運也紬之紬思由
是以相屬也姓伷之伷族由是以有分也櫾柚之柚
味由是以有別也宇宙之宙理由是以有傳也禾之
油油穀由是以登也雲之油油雨由是以降也憂心

有姍心由是以動也左旋右抽軍由是以正也故凡
物之所有由者事之所以相因也理之所以相脉者
也

子華子卷之七終

子華子卷之八

春秋晉人程本子華子著
明後學禾郡金之俊彥章甫評閱

大道

子華子曰大道有源其源甚眞名曰空洞空洞無有是生三元三元之功同立于玄縱而守之是謂三極衡而施之是謂三紀上下賁焉是謂三才一之所成萬紀以生一之所綱萬有以藏是故空者無不備之謂也洞者無不容之謂也大道有源其源甚眞無物

道之所以生天生地生萬物而不窮也

說玄非玄是名眞玄

暴張原作綦

不稟無物不受無物不度廣盡于無眕細淪于無閒

付畀稟受而不加貪讎酢應對而不加費故曰通乎

一萬事畢此之謂也

子華子曰仰而視之玄在焉俛而察之玄在焉旁行

而四達玄在焉逆而望之玄參乎其前也揠是宭行

去而違之玄膛乎其後也是故玄無所不在也人能

守玄玄則守之不能守玄玄則舍之

子華子曰火宿于心炎上而排下其神躁而無集人

之暴意以取禍者心使之也木宿于肝觸突千抵而

次五行配五臟可補素問

鍊精歸氣鍊炁歸神五

毓其神須東而無當人之樸蕙以取禍者肝使之也金宿于肺礰訇而不屈磬而不能仰也其神闊疎而無法人之許决以取禍者肺使之也水宿于腎瑟縮以湊險其神伏而不發人之嬪婀脂韋以取禍者腎使之也土宿于脾磅礴而不盡其滲漉也下注而不止其神好大而無功人之重遲瀝納以取禍者脾使之也火氣之喜明也木氣之喜達也金氣之喜辨也水氣之喜藏也土氣之喜發生也是故事心者宜以孝事肝者宜以仁事肺者宜以義事腎者宜以知事

行所以不死只在不入不淵

脾者宜以誠實而不詐。五物宿于其所喜。五事各施其所宜。外邪之不入。内究之不泄。夫是之謂善完。

子華子曰、甚矣世之人注其目于視也。（五官皆散府受病在注字）目奚足信。今有美麗佼好之人、人之所同悅也。然而蒙之以倛醜、則見之者棄之而走。更之以輕紈阿緆焉、則向之走。（向焉）者酉行矣。甚矣世之人注其目于視也。（目奚足信）

周舍見子華子曰、舍聞之、身修而名不立、無爲于譽術矣、庶羞百品、雜進于盤几、而咽不下、無爲于貴饌矣、抱璧而徒乞、無爲于貴寶矣、敢問夫子之所以志

子華子曰然釜鬵之于量也○不能以容于所不受[illegible]
墨之于度也○不能以及其所不至○尉天廣袤○飛鳥[illegible]
而不止○崇楹績栱○稞棁逃焉○且圓動而方息○所性[illegible]
同也○火炎而水流○習慣之然也○今以大夫之所處○[illegible]
議本之所以志○必不諧矣○無以則有一焉而願因[illegible]（一即是中）
有獻也○夫六○虛○有○精○純○粹○美之○器○而○不○敢○傳○焉○託○[illegible]
物○以○寫○其○響○流○其○形○于○萬○有○而○不○敢○以○有○爲○試○嘗[illegible]
其微矣○彼麗之苦窳也○而醜則堅牢○華壁之易以[illegible]
也○而金鐵則難陶○甚矣物之不可以全也○如是○是[illegible]

好修者好名譽之歸咎之集也

譬疑有

所原作有

可以一方取也○是不可以一伎爲也○惟知此道者○
幾乎其能全○今大夫少修而端慤○壯長伉以有立○
將○揭○其○昭○昭○焉○而○以○爲○人○之○的○其○犯○難○也○果○其○量○
也○徧○而○文○且○徑○往○爾○直○前○矯○拂○人○之○所○不○欲○而○理○
自○立○其○無○所○用○之○慮○名○此○非○本○之○所○得○知○也○夫▽目▽
明▽能▽見▽于▽百▽步▽之▽外▽而▽顧▽不▽見▽其▽背▽也▽帷▽墻▽之▽後▽[illegible]
無▽覩▽也▽無以▽則有一焉▽而顧因以有獻也▽
子華子曰、萬物玄同○孰是而孰非○孰知其初○孰知其
終○吾無得其所以然也○命之曰一○一者衆之所宗也○

書潔哀
桀之末
發明是
此光景

道得之謂之太乙天一得之謂之天一帝得之謂之帝
一帝一也者立乎環中扣其嚮而不得也味其臭而
不得也渾渾兮如有容泊兮如未始出其宗莽莽兮
如無所終窮天一也者爲而不宰成而不有機之所
由以出焉機之所由以入焉太一也者有而無家能（一家疑宜）
化一以爲二化二以爲三因三以成萬物故曰一之
（即是出三入一之解）
變大矣在三而三在九而九有萬不同而管于一術
通乎一術無一之不知昧乎一術無一之能知是故
音聲顏色臭味之數不過于五五者立于一一立而

萬物生矣。

子華子曰、寒濕溫燥晦明之變則大矣。形坦乎化則涸。而其形無盡。喜怒哀樂思懼之化則備矣。神經乎變則涸。而其神有餘。正氣之在人也。上下灌注。如環之無端。莫知其紀極也。不可以爲量也。是能使其形之所撑。鬱鬱勃勃而不可屈。是能使其神之所宅。完固靜專而不可撓。是故能通乎養氣之術者。不可以務不白也。且氣不勝。邪攻之矣。攻之而不已。則氣必剉。剉之而不已。則向乎消亡矣。正氣漸盡。邪術壯長。

纂壘疏源養氣疏註

子華氏論性宗

心傷于中而色澤外變神去其幹而死矣是以古之
知道者纂壘以防邪疏源以毓眞深居靜處不爲物
攖動息出入而與神氣俱精魂可參魂魄守戒謹窒其兌專一
不分眞氣乃存上下灌注氣乃流通如水之流如日
月之行而不休陰營其臟陽固其府源流泏泏滿而
不溢冲而不盈夫是之謂入生
子華子曰人之性其猶水然水之源本甚潔而無有
哀穢其所以湛之者久則不能以無易也易而不能
反其本初則還復疑于今自性者矣是故方圓曲折湛

書已疑慎

[illegible]此者有無讀易

于所遇而形易矣○青黃赤白○湛于所受而色易矣○砰
訇淙射○湛于所閡而響易矣○洄洑激溶○湛于其所以
容而態易矣○醎淡芳與○湛于其所以樂而味易矣○凡○
此○五○易○者○非○水○性○也○而○水○之○所○以○爲○性○者○則○然○矣○是
故古之君子○甚○（養性訣）其所以湛○之○
子華子曰天地之大數○莒○過○乎○五○莫○中○乎○五○五居中
宮○以制萬品○謂○之○實○也○岩○氣○之○守○也○中○之○所○以○起○也○
中○之○所○以○止○也○龜○筮○之○所○以○靈○也○神○御○之○所○以○豊○饎○
也○通乎此○則條達而無礙者矣○是以二與四○抱九而

上躋也○六與八○蹈一而下沉也○戴九而履一○據三而持七○五居中宮○數之所由生○一縱一橫數之所由成○故曰天地之大數○莫大乎五○莫中乎五○通乎此則條達而無礙者矣○

手華子卷之八終

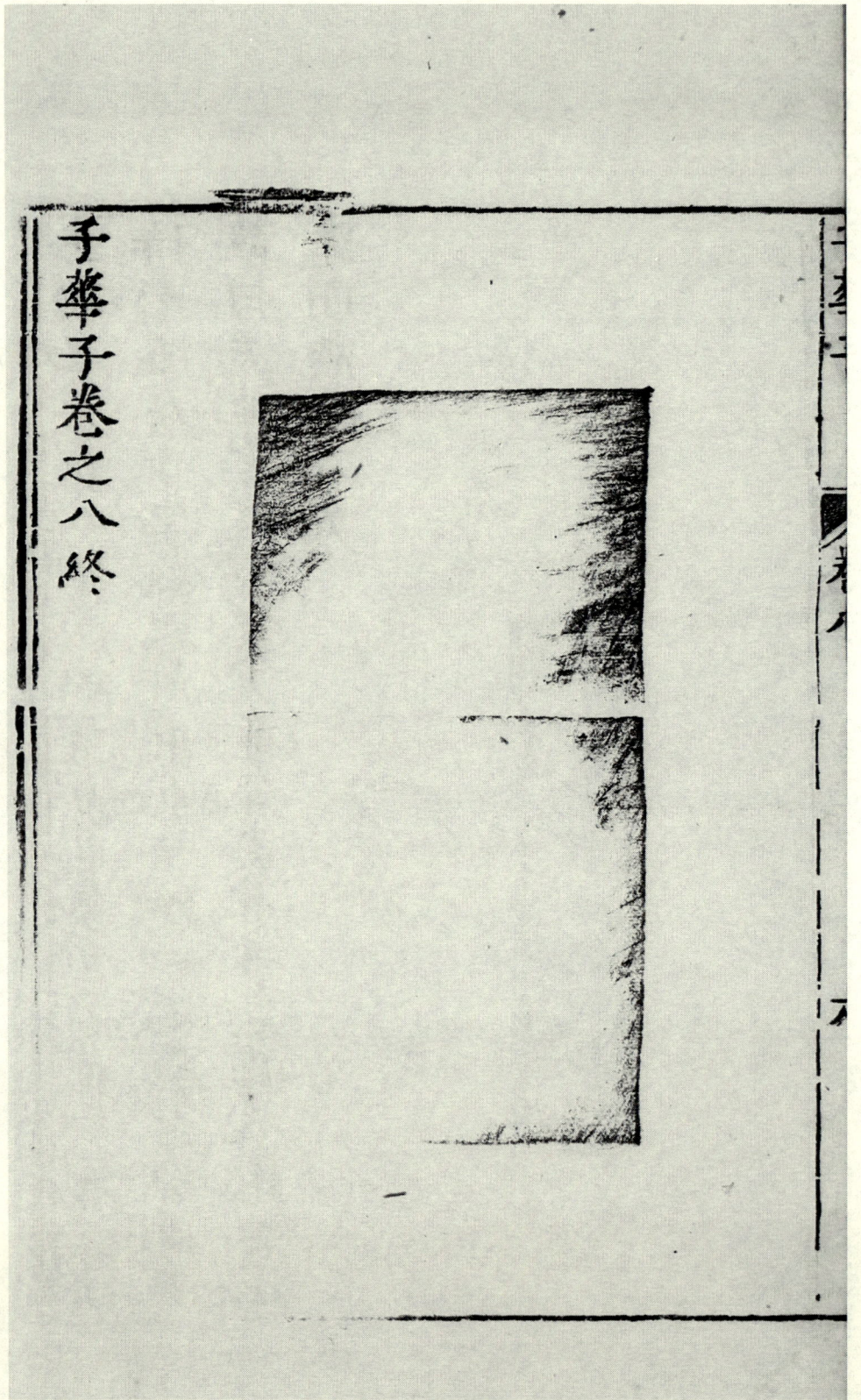

子華子卷之九

春秋晉人程本子華子著

明後學禾郡金之俊彦章甫評閱

北宮意問

北宮意問曰、上古之世，天不愛其寶，是以日月淑清而揚光，五星循晷而不失其次，鳳凰至，蓍龜兆，甘露下，竹實滿，流黄出，朱草生，敢問何所修爲而至于是也。子華子曰、異乎吾所聞、夫禎祥瑞應之物，有之，足以備其數，無之，不缺于治也，聖王不識也，君子不道也。治世所無有也。上古之世。居有以虛宰。多以少所以同于人者用舍也。所以異于人者神明也。神明之運。其由也甚微。其效也甚徑。與變相蕩遷。與化相推移。陰陽不能更。四序不能虧。洞于纖微之域。通于恍惚之庭。挹之而不冲。注之而不滿。彼其視鳳凰麒麟也。豢牢之養。爾彼其視醴液甘露也。甽澮之寫。爾彼其視芝房竹實。凡草木之異者。畦圃之蔬。爾彼其視玉石瓌怪。凡種種之族者。筐篋之藏。爾故曰聖王不識也。君子不道也。治世所無有也。昔者有虞氏彈五

質疑失
猶
破後世
陳符獻
瑞之惑

絃之琴○以歌南風之詩○而恍被四表○格于上下○周公之佐成王也○希膳不徹于前○鐘鼓不解于縣○而歌雍詠勺○六服承德○凡禎祥瑞應之物○有之足以備其數○無之不缺于治○聖王已沒○天下大亂○父子質性○君臣失紀○未有甚于今日也○然○且○日○月○星○辰○衡○陳○于○上○與○治○世○同○焉○而○已○矣○故曰天道遠○人道邇○待蓍龜而襲言○福之末也○顛蹶望拜而禱焉○其待則薄矣○故聖王不識也○君子不道也○治世所無有也○吾恐後世之人主○方且雎雎盱盱○惟此之事○而爲人臣者○巧詐誕諂○

秦皇漢
武彝彥
究紫如
繪

以容悅于其君舍其所當治而責成于天借或氣然
而數繆也忽有鍾其變者色澤狀貌非耳目之所屬
也于是奉以爲祥君臣動色士庶聳聽以至作爲聲
歌而薦之于郊廟錯采纘畫而以誇諸其臣民奄然
以爲後世莫我之如也彼其郁數于上世其所謂豢
牢之養也甽澮之寫也畦圃之蔬也籩囊之藏也章
章焉如日星之在上也乃始矜跂而以爲希有之事
夷世而不可以希冀者也甚矣其亦弗該于帝王之
量者矣

子華子居于岑塞、北宮意、公仲承侍、縱言而及于醫　敘事妙

子華子曰、醫者理也理者意也藥者瀹也瀹者養也腑藏之伏也血氣之晉也空竅之塞也關鬲之礙也意其所未然也亦其所將然也察于四然者而謹訓于理夫是之謂醫以其所有餘也而養其所乏也以其所益多也而養其所損也反其所養則益者彌損矣反其所養則有餘者彌乏矣察于二反者而加疏瀹焉夫是之謂藥故曰醫者理也理者意也藥者瀹也瀹者養也北宮意曰、正惟是世俗之醫、所不能爲

可得奇

後出許太[illegible]論

也雖然意聞之也有所資乎意不如無意之爲愈也有所待乎養不如無待之爲愈也敢問人有精神也其升降上下與晝夜相通也與天地相灌注也其爲種凡有幾子華子曰意善哉而之問也觸類以演之進乎此則與知道者謀矣吾次其所以學也而擇取之矣夫天降一氣則五氣隨之寄備乎陰陽合氣而成體故有太陽有少陽有太陰有少陰陰中有陽陽中有陰故陽中之陽者火是也陰中之陰者水是也陽中之陰者木是也陰中之陽者金是也土居二氣

之氣字疑作志
慮

之中間以治四維在陰而陰在陽而陽故物非土不成人非土不生北方陰極而生寒寒生水南方陽極而生熱熱生火東方陽動以散而生風風生木西方陰止以收而生燥燥生金中央陰陽交而生濕濕生土是故天地之間六合之內不離于五人亦如之血氣和合榮衛流暢五藏成就神氣舍心魂氣畢具然後成人是故五藏六腑各有神主精稟于金火氣諧于水木精氣之合是生十物精神魂魄心意志思慮智是也生之所自謂之精兩精相薄謂之神隨神往

返謂之魂並精出入謂之魄所以格物謂之心心有所憶謂之意意之所存謂之志志之所造謂之思思而有所顧慕謂之慮慮而有所決擇謂之智夫于智十累之上也至于智則知所以持矣知所以持則知所以養矣榮衛之行無失厥常六腑化穀津液布陽故能久長而不斃流水之不腐以其逝故也戶樞之不蠹以其運故也是以精止則滯神惛則伏魂拘則沉魄散則耗心收則惑志鬱則陷意營則罔思溢則殆慮殫則蒙智礙則愚故所謂持者持此者也所謂

養者養此者也意善哉而之問也觸類以演之則與
知道者謀矣公仲子曰夫子之言也而之問也承也
得所未之嘗聞如發蔀焉願夫子益其說而稽徵其
所以解也子華子曰然言固不可以一而足也夫心
也五六之主也精神之舍也心之精爲火其氣爲離
其色赤其狀如覆蓮其神爲朱鳥其竅上通于舌肝
之精爲木其氣爲震其色青其狀如縣瓢其神爲蒼
龍其竅上通于目肺之精爲金其氣爲兌其色白其
狀如縣磬其神爲伏虎其竅上通于鼻腎之精爲水

其氣爲坎○其色黑○其狀如介石○其神爲玄龜○其竅上通于耳○脾之精爲土○其氣爲戊己○其色黃○其狀如覆釜○其神爲鳳凰○其竅上通于口○是故脾腎心肝肺○五官之司○口舌鼻耳目○五官之候○脾之藏意○腎之藏精○心之藏神○肝之藏魂○肺之藏魄○金木○水火○土○五精之總也○寒○熱○風○燥○濕○五氣之聚也○水以潤之○火以熯之○土以溽之○木以敷之○金以斂之○此以其性言也○水之冽也○火之炎也○土之蒸也○木之溫也○金之清也○此以其氣言也○水在下○火在上○土在中○木在左○金在右○此

以其位言也。水之平也。火之銳也。土之圜也。木之曲直也。金之方也。此以其形言也。水則因。火則革。土則化。木則變。金則從革。此以其材言也。水井洫也。火爨治也。木金器械也。土爰稼穡也。此以其事言也。夫盈于天地之間。而克物者。惟此五物也。凡五物之有不可無也。其所無不可有也。微者養之使章。弱者養之使強。損者養之使益。不足者養之使有餘。無物不養也。無物不備也。夫是之謂和。喜怒哀恐思不能汩也。視聽言貌思不能奪也。夫是之謂太和之國。無得于

是果總之世黃與塵之陰乎

總是大醫王

意而爲醫太和之俗無待于養而爲藥不以物滑和
不以欲亂情中無載則道集于虛矣心無累則道載
于平矣安乎恬愉吐故納新靜與陰同閉動與陽俱
開昔是者由人而之天合于太初之三氣矣以之正
心修身治國家天下無以易于此術也吾之說盡于
此矣二子拱而退書以識之

子華子卷之九終

子華子卷之十

春秋晉人程本子華子著

明後學禾郡金之俊彦章甫評閲

神氣

子華子曰、古之至人○探幾而鉤深○與天通心○淸明在躬○與帝同功○是以進爲而在上○則至精之感○流通而無礙○以上行而際浮○以下行而極憂○以旁行而塞于四表○不言而化從○不召而效證○以其所感之者内也○伏羲神農之世○其民童濛○瞑瞑顛顛○不知所以然

而然○是以永○年○黄帝堯舜之世○其民樸以有立○職職
植植○而弗鄙弗夭○是以難○老○末世之俗則不然○煩稱
更不與天通
文辭○而實不效○知譎相誕○而情不應○蓋先▽霜霰以戒▽
字新
表▽爐▽者▽矣▽機括存于中○而羣有詐心者○族攻之于外○
是以父哭其子○兄喪其弟○長短頡悟○百疾俱作○時方
疫厲○道有繈負○盲禿狂傴○萬怪以生○所以然者○氣之○
所○感○故○也○夫○神○氣○之○所○以○動○可○謂○微○矣○日月薄食○虹
蜺晝見○五緯相凌○四時相乘○水竭山崩○霄光晝冥○石
言犬痸○夏霜冬雷○繆盭之族諸禍之物○不約而總至○

所以然者。氣之所感故也。夫神氣之所以動。可謂微矣。故曰天之與人。其有以相通。此之謂也。

留務茲從子華子游者十有二年、自相屬而言、不援（好師弟）也、業成而辭歸、將隱居于五源之溪、子華子曰、天下之物。有甚滑稽而難持者。女知之矣乎。疾之則脫。緩之則激焉以逝。非促圖之謂也。而所謂善持者能為（傳道有假）之。于疾徐之間。今女之所治。吾無間然者矣。然子之志。則廣取而汎與者也。吾恐女之後。夫擇者也。其將有剩女之外。郛而自築其宫庭者矣。登女之車。而乘

慎于傳道如此

之以馳騁于四郊者矣取女之所以爲璧者毀裂而五分之者矣夫道固惡于不傳也不傳則妨道又惡于不得其所以傳也不得其所以傳則病道今女則徃矣而思所以慎厥與也則于吾無間然者矣

子車氏之假其色粹而黑一產而三豚焉其二則粹而黑其一則駁而白惡其弗類于已也囓而殺之决裂其腎腸糜盡而後止其同于已者字之惟謹而恐其傷也子華子曰甚矣心術之善移也夫目眩于異同而意怵于愛憎雖其所自生殺之而弗悔而况非

寫人心世態堅毛辣骨

[illegible]

其類矣乎今世之人其平居把握附耳呫呫相與賤[illegible]約而自保其固曾膠漆之不如也及勢利之一接未[illegible]有毫釐之差蹴然而變乎色又從而隨之以兵甚[illegible]心術之善移也無以異于子車氏之假

宋有澄子者忘其緇衣順塗以求之見婦人衣緇[illegible]馬援之而弗舍曰而以是償我矣婦人曰公雖衣[illegible]衣然此吾所自爲者也澄子曰而弗如速以償我[illegible]（絕似公穀）我昔所忘者紡緇也今子之所衣者禪緇也以禪而當我[illegible]紡緇也而豈有所不得哉子華子曰夫利之惛心[illegible]

幸于得而已矣忘其所以爲質者矣幸于得而忘其
所以爲質夫何所憚而不爲之哉今世之人其不爲
澄子者或寡矣
予華子曰今世之士其無幸歟川閼水以成川世閼
人而爲世河之下龍門也疾如箭之脫筈人壽幾何
而期以有待也洽古之時積美于躬如膏革之就乾
惟恐其不修弗憂于無聞如擊考鼓鍾其傳以四達
繹如也今則不然荒飈怒號而獨秀者先隕霜露宵
零而朱草立稿嫭芾之徒又從而媒孽以髡搖之是

程原作恭

以萌意于方寸。未有毫分也。而觸機穽展布其四體。未有以爲容也。而得桎牿懷抱其一槩之操。泯泯默默而願有以試也。而漫漫之長夜特未旦也。疾雷破山。澍雨如靈。雞喑于塒而失其所以爲司晨也。人壽幾何。而期以有待也。今世之士其無幸歟。

子晝子築居于五源之溪。使其徒公子賓胥見子華子于齊曰。先生之後子晝子使賓胥也。敬以有請夫五源之溪。天下之至窮處也。龍吟而鼬啼。且曉昏而日映也。蒼蒼踯躅四顧而無有人聲。雖然其土脉膏

君受蘋

以發○其植物也○兖兖以澤○其清流四注○無乏于濯○[illegible]
其蘋草之芼○足以供祭也○流光馳景○却顧于斷溪[illegible]
壑之下○雲雨之所出入也○其石皺栗爛○如赭霞蔫[illegible]
之芳○從風以揚○壟耕溪飲爲力也○佚而坐嘯行歌○[illegible]
以卒歲○今先生之年運而往矣○而其所以藴藏者[illegible]
期○惟是河汾之間○不吾容也○而寄食于海○蘋歲又[illegible]
稔○其何以供億○今之諸侯○其地相埒也○其德相若也
先生之車軫○其將誰氏知之○是以子雷子使賓胥也
敬以有請○無寧先生而肯照臨于山溪之中○將使斯

人也。耳聞而目明。先生豈無意于此。子華子曰、爾歸而語而夫子。余而以所以屬于我渠渠不忘于我之心。嘐嘐如也。吾嘗聞之、太上違世。其次違地。其次違人。而之所志其遠地矣乎。曩者吾有緒言于會矣。曰我必先而以吾帛皮而涉河。以從吾先人于芥塞之下。我之意也。已在所在矣。不得而從于爾之來矣。夫志之所存。雖逖而親。雖缺而成。疆、裂、壤、斷。不吾間也。而今而後。吾之神爽。坐馳于五源之間。而亦將朝夕而惟余是從。吾何必往也。噫、來、賓、胥我之不得往。猶而

夫子之不得來也詩不云乎莫往莫來使我心疚吾
之與而夫子也○其弗覿矣夫○
子華子自齊而歸召子元而訓之曰、來、爾會而小人
其謹志之、昔吾之宗君爲周日正○周公作成王定鼎
于郟鄏○修和周郊○于是吾之宗君薦其所以爲祥者○
其族有三○曰井里之璞也○曰太山之器車也○曰唐叔
異畝之禾也○唐叔得禾○異畝同穎○吾之宗君請以爲
獻○王命分寶玉于魯公○時庸展親○歸禾于周公○作歸
禾○周公旅天子之命○作嘉禾○是以吾之宗君始有薦

壁以剏作程典令其顯庸書在故府遠宣王之時吾之宗君入董六師為王虎臣是曰司馬司馬之後凡九世而其子孫或播居于汾河之間十有一世而國併于溫先大夫宣王之棄世也背違其群(群下疑落臣)而吾之宗君厥有大造于趙宗如瓜苗之有衍我是以庇其榮而食其實及吾之身雖不釋于簡主而趙則眞吾姓之所宗氏也今主君之為人强毅而法能忍詬而無懸挺挺而不回且受人之覩言其將光啓我趙氏之業而大其前人吾且老矣而不得以相其成來爾會

而小人其謹志之其勿有二心以事主君惟是窀穸之事○吾之所以後其先入者○弗儉弗侈○允釐其中○其勿以世俗之垢昏而以浼我之所修乃若爾會之所以自勗者○則惟無宗君之忝○其于我亦有無窮之聞○來、爾會而小子其謹志之○

子華子卷之十終

程子華後跋

程氏諱本字子華晋人生春秋聿修厥德世居内丘銳志墳典博通百家趙簡子時以不應聘獲罪去趙適齊景公弗用遂高尚不仕其晚周之隱君子哉昔孔子轍環列國遇于郯與語終日靡倦臨岐令子路以幣贈之一萍逢間卽爲至聖所禮重人之賢可知矣其支派相傳已經二千餘載其歷履之詳雖難盡閲而後裔之居内丘者綿綿不絶且有著作名曰子華子書漢天禄閣校書劉公躬爲之序後學慕其賢

刋其書始于胥渠問終于神氣章約爲十卷其言近道切理快人心目士人以金購之未由程氏後人爲石匣秘藏僅免秦氏烈火實爲曠見其間或字句脫遺或點畫差訛殆傳寫之誤而非其舊也邑令王公諱一泉命余考訂較正續作後跋欲爲重刊以遷轉未果良有俟矣後之君子可不體其意而刊行之乎公故里在邑西南隅程家灣去城二十五里程之一姓近百餘丁族甚繁盛其塋墓迄今猶存舊令李公諱梗教諭陸公諱萬里偶謁其墓仍爲立碑從公議

舉入鄉賢其歷履之實內丘志昭昭可考矣今內庠
廩生程性邑人謂為子華子後而祖居程家灣者為
人耳貪樂道屏跡公門議者以為有子華之遺風本
生每謙避不敢任焉吁子華為人其生也有令德以
動乎聖其沒也有塋墓以存其迹其賢而可仰也有
遺編以載其言厥後宜昌也有遺派以繼其祀程氏
之道脈衍于無窮矣謂非天之屬意于先賢哉其書
之傳前有劉公序極其詳盡固無容贅第予素慕子
華之賢恨生不同時與之會晤一堂而上下其議論

得不因邑令王公之命而僭爲之續貂云

明萬曆三十二年甲辰孟夏直隸順德府内丘縣儒學教諭李應旌謹撰

跋子聲子後

言非道也道不言不能

著人與道二能為見

道言不能為有道言有

道者莫竟于言而言

存其人千載之遇其人
則其言靈而書存不遇
其人則其言朽而書亡亡
邦存邦覆之至秦一炬漢
俾吾子擧子行修于身

而並遙于孔子稱為
天下賢士追令殆逾三
千歲矣一時
賢守令長孝應氣合珍
遺壽而行之評之廟而

藏之豈徒以其文也云
存有物焉在斷簡殘
編之外不覺其將息
千古者神相許也則其
人可思也余嘗謁其墓一石

剡嵊峋泉濤濆湃其西
則秦越人廟為趙簡子
所封亦越人亦賢豪
簡子者越人而尼子葬
叢亦可究矣東家生孔林

勤勤以刪述師弟又蓋
王帝皇之事皆蓋孔子之文
學所謂不可量者也邪
噫嘻出孔子者子學
學也子學者孔子學

讀孔子書不可不讀子華
書讀子華書不可不
學子華子華學孔
子者也學者學孔子
而未能學子華正善

學孔子

明崇禎二年己巳夏日天以人念

塞翁生喬中和跋

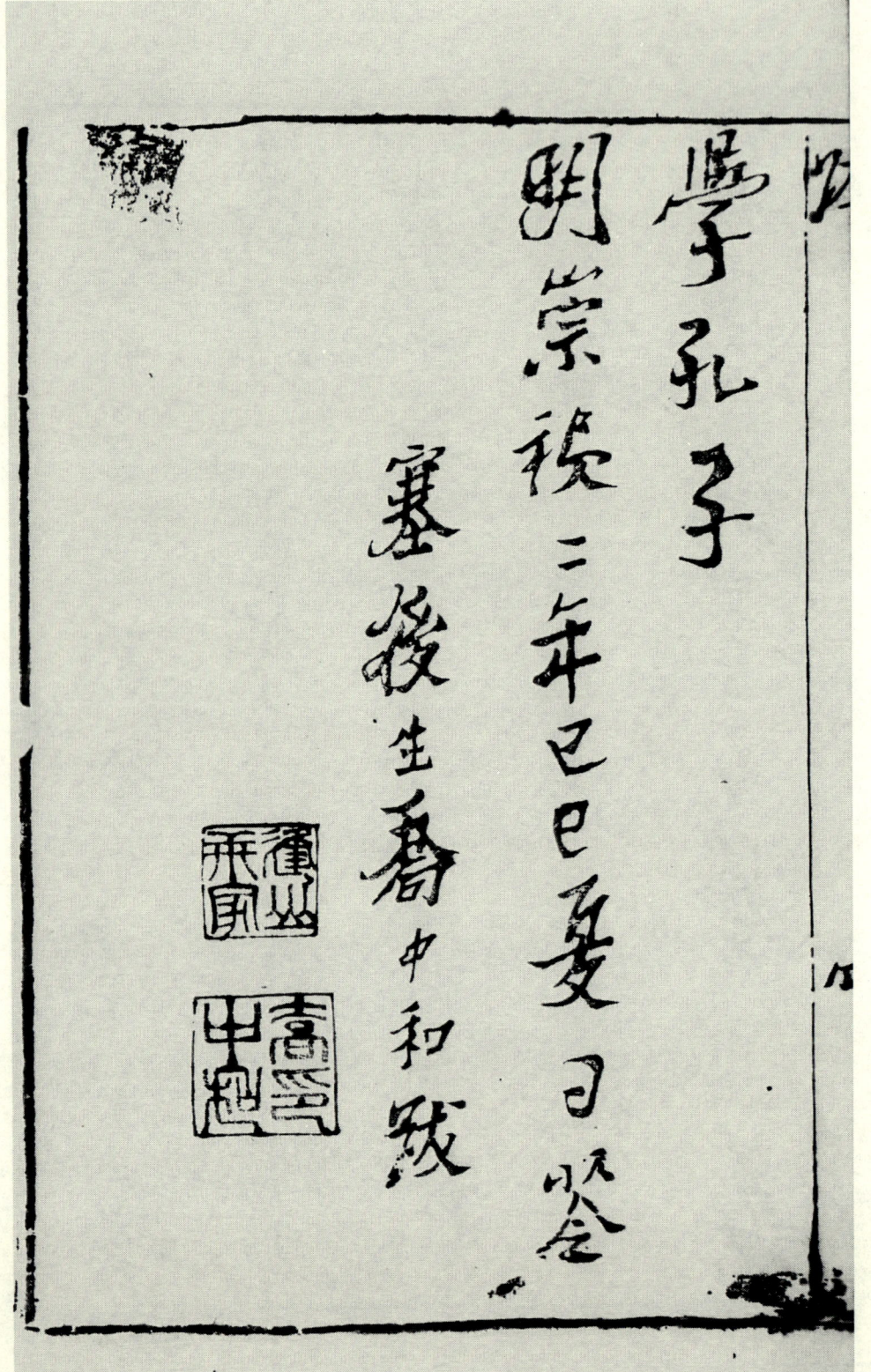

跋子華子後

日月出而天地光六經明而聖道顯則日月者天地之目而六經者聖賢之心也予世居於陵幼讀家語見宣尼與程子傾盖贈帛一事低徊

从之意至聖所重必非恒人至讀子華書復悠然味其有道之言追承乏中丘過苓塞鄉心竊巽之及閱雷君所鐫與喬君所搜集軼文攷其故址猶畱連不能去云夫以子華之賢稱于仲

尼而厄于簡子非才有不逮所謂跱爲之也乃千載而後子華卒以是顯又烏在其不幸耶世人誦老莊書每帝聃而相周識者猶謂爲目中金屑以其獨成乎子耳使子而翼經又何譏之

與有予願讀者幸勿以群子覩
之則六經如日月之經天而斯
亦列宿之昭雲漢也豈不諒哉
康熙甲寅歲孟秋望日中丘令古
於陵吳瑄跋

讀子華子

清·楊琪光撰

清光緒十一年(1885)刊《杜川全集·百子辨正》本

讀子華子

子華子之書亦谷神流所託爲者歟觀其論渾淪鴻濛之爲道與恍忽窈冥將毋同狹有意之爲陋有意之治卽崇法自然之恉又與致虛極守靜篤豈遠乎哉云太一天一帝一於得一以清甯靈等廣其緒者足賊吾道宜屏距之無僻奚可俾其溷迹門墻眩修途進步耶然於黃帝乘雲上昇藏衣橋陵之訛又克暢析爲長生者杜矜跂之念又可作吾道干城尊尼父同大圓謂不違物處不絕物營能得聖人栖皇時心隱志且自損不敢

與軫方轂圓者同。其遠去守黑與雌之敢猖披詬聖也。特程本育傳不列其名字。於齊魯語。亦不道其迹。惟家語有遭道贈束帛之事。不然。將其人亦疑爲後人之設僞矣。嗟夫。異說之惑人也。吾意欲將其說概爲焚滅。於鍼諺訂訛之言。雖詞不古若者亦備列之。即有或蹈其迹者聞其言已可止。奚必覽故冊始悔其差。況又因而附鑿以成其說者尙不乏人也。雖有善辨者亦莫能息其喙矣。

子華子文粹

李寶淦撰

民國六年（1917）上海商務印書館排印《諸子文粹》本

諸子文粹卷四十四

武進李寶淦纂

子華子 雜家 三

陽城胥渠問

夫混茫之中。是名太初。實生三氣。上氣曰始。中氣曰元。下氣曰玄。玄資於元。元資於始。始資於初。太貞剖割。通三而爲一。離之而爲兩。各有精專。是名陰陽。兩兩而三之。數登於九而究矣。是以棲三陰之正氣於風。轉其專精之名曰太玄。棲三陽之正氣於水。樞其專精之名曰太一。太一正陽也。太玄正陰也。

公仲承問於程子曰。人有常言。黃帝之治天下也。百神出而受職於明堂之庭。帝乃采銅於首山。作大鑪焉。鑄神鼎於山上。鼎成羣龍下迎。乘彼白雲。至于帝鄉。羣小臣不得上升。攀龍之胡。力顫而絕。帝之弓裘墜焉。於是百姓奉之以長號。故名之曰烏號之弓。而藏其衣冠於橋陵。信有之乎。程子曰。否。甚矣世之好譎怪也。聖人與人同類也。類同則形同。形同則氣同。氣同則知識同矣。類異則形異。形異則氣異。氣異則知識異矣。人之所以相君長者類也。相使者形也。相管攝者氣也。相維持者知識也。人之異於龍。龍之異於鼎。鼎之異於雲。言之辯也。惡足以相感召。而賓使之耶。其不然也必矣。世之好譎怪也。

且世之傳疑也。不唯其傳。昔宋有丁氏。家故無井而出溉汲焉。常一日而一人居外。懲其如是也。鳩工而穿井於庭。家相與語曰。今吾之穿井。得一人矣。有聞而傳之者曰。丁氏穿井而得一人也。國人更相道之。語徹于宋君。宋君召其人而質之。丁氏對曰。自臣穿井。家獲一人之力。非得一人於井也。是故黃帝之鑄神鼎。是井中人之譬也。知者正之。是宋君召其人而質之之譬也。

孔子贈

子華子反自郯。遭孔子於途。傾蓋而顧。相語終日。甚相親也。孔子命子路曰。取束帛以贈先生。子路屑然而對曰。由聞之。士不中間見女嫁無媒。君子不以交禮也。有間。又顧謂子路。子路又對如初。孔子曰。固哉由也。詩不云乎。有美一人。淸風婉矣。邂逅相遇。適我願矣。程子天下之賢士也。於斯不贈。則終身弗能見也。小子行之。

周之六師暨郊而陳。武王韈係解焉。有五臣者。將受誓事於前。王顧而使之係。五臣者相目而對曰。臣之所以事君王。非爲係韈者也。王不得已。乃釋旄鉞而親係之。夫人君能使其臣。能有所不爲。然後能無不爲也。本也。未能無不爲者也。能有所不爲矣。

夫丘陵崇而穴成於上。狐狸藏矣。溪谷深而淵成於下。魚鼈安矣。松柏茂而陰成於林。塗之人則蔭矣。

虎會問

虎會以其私問於程子曰。主君何如主也。程子曰。昔堯舜在上。塗說而巷議。所不廢也。是是非非之謂士。試爲吾子推言之。

本聞之。山有猛虎。林樾弗除。江河納汙。衆流是瀦。昔者秦穆公以秦之士爲不足也。起蹇叔於宛。迎邳豹於鄭。取由余於戎。拔百里奚於市。用強其師。以伉惠懷。于斯時也。晉國翦焉。唯秦是從。是故國以士爲筋幹。不可以不察也。今主君之未得志也。有竇叔子者。推其後而進之。有舜華者。挽其不及而使之當於理。有吾丘鴆者。展布四體。以爲紀綱之僕。本聞之、竇叔子、之爲人也。強毅而有立。方嚴而不剴。其事主也齋戒祓濯。而無有回心。舜華多學而強記。恥其所聞不慧於古初。其立論挺挺而不可以奪。吾丘鳩年十有五。而始以勇力聞。及其壯佼也。四鄰畏之。能以人投人。以車投車。其視太行之險。猶之步仞之邱。此三臣者舉晉國之選也。主君之所與懋昭其庸。而光被於趙宗者也。公室六分。山河之間。龜折而鼎立。范氏中行氏不庇其社稷。而顛其宗。主君之所不刊。則繫此三臣之助。今無故而戮叔子矣。又斃舜華於野。以罪名不聞於國人。吾丘鳩恐焉。裹糧而之他國。主君其未之思耶。何其首尾之刺戾也。如是則主君之所以遠於大競者也。

晏子

子華子謂晏子曰。天地之間。有所謂隱戮者。而莫之或知。知之者其幾於道乎。晏子曰。何謂也。子華子曰。天地之生才也實難。其有以生也。必有所用也。如之何其將壅之蔽之。而使之不得以植立也。天地之所大忌也。日月之所燭燎也。陰陽之所杌移也。鬼神之所伺察也。是以帝王之典。進賢者受上賞。不薦士者罰及其身。善善而惡惡。其實皆衍于後。賞試觀之。夫物之有材者。其精華之蘊。神明之所固護而祕惜。不可以智力窺也。蒙金以沙。固玉以璞。珠之所生漩洄之淵而隈澳之下也。豫章楩柟之可以大斵者。必在夫大山穹谷屛顏嶇唔之區抉剔之掎摭之剝削之。苟不中於程度。則有虎狼蛟鼉虺蜴之變。雷霆崩墜覆壓之虞。何以故。天地之生才也實難。其有以生也。必有所用也。如之何其將壅之蔽之。而使之不得以植立。是之謂違天而黷明。違天而黷明。神則殛之。雖大必折。雖炎必撲。荒落而類圮敗而族。夫是之謂隱戮。隱戮也者。陰隙之反也。如以匙勘鑰也。如以璽印塗也。必以其類。其應如響。晏子曰。駭乎哉。吾子之言也。

夫築垣墉者。務其高而不務其實。高不隱仞。而塞傾之矣。以兩手而揜人之聰明。自以爲得也。而不知其聾瞽之疾。已移於己也。悲夫。夫豈不爲之大哀矣乎。晏子曰。駭乎哉言也。微吾子。嬰無所聞之。嬰也請刻諸佩觿。以志其不忘也。

晏子問黨

下無言謂之喑。上無聞謂之聾。聾喑之朝。上有放志。而下多忌諱。齊之謂也。

太山之高。非一石之積也。瑯琊之東。渤澥稽天。非一水之鍾也。所以治國家天下者。非一士之言也。今齊之執事者。其悖矣乎。壘以爲明。狐以爲蒼。以一爲二。以二爲三。公不能禁也。植黨與而護其所同。忌前而排孤。媕婀脂韋者。日至於君之前。固寵而恃便。公不能禁也。猶之買馬者。然不論其足力而以色物毛澤而爲儀則廄無走馬矣猶之售玉者然不論其廉貞溫粹而無瑕者而以大小徑廣爲儀則篋無連城矣唯士亦然。論士不以其才。而以勢地爲儀。則伊尹仲父不立於朝矣。且齊之爲國也。表海而負嵎。輪廣隈澳。其塗之所出。四通而八達。游士之所湊也。今齊君之所習而狎者。非鮑國之私人。則崔田之黨也。游士無所植其足矣。游士無所植其足。則憑軾結轍而違之。夫游士之所以去。則治象之所以不存也。本聞之窮鄉下里。其爲叢祠也。不過於卮酒而臠肉。蕪國之社不難於請福今齊之蕉萃也甚矣所欲以爲治者不半於古之人。而功則略具矣。

晏子問於子華子曰。聖人尚儉。於傳有之乎。子華子曰。有之。夫儉聖人之寶也。所以御世之具也。三皇五帝之所留察也。晏子曰。嬰聞之。堯不以土階爲陋。而有虞氏怵戒於塗穄。其尚儉之謂歟。子華子曰。何哉。大夫之所謂儉者。夫儉在內。不在外也。儉在我。不在物也。心居中虛以治五官。精氣動薄。神化回潏。嗇其所以出。而謹節其所受。然後神宇泰定。而精不搖。其格物也明。其遇事也剛。此之謂儉。而聖人之所寶也。所以御世之具也。三皇五帝之所留察也。何哉。大夫之所謂儉者。夫視入以爲出。庚氏之職業也。操贏而制餘。商賈子之所爲也。中人之家。計口然後食。閭里之志也。乃若天子者大宮也。有天下者大器也。臨萬品。御萬民。窮天之產。罄地之毛。無有不共。無有不備。此則古今常尊之勢也。奈何而以閭里之所志。商賈子之所爲。庚氏之職業。仰而議夫堯舜之量哉。此腐儒之所守。而汙俗之所以相欺者也。土階塗穄之說。野人之所稱道。而於傳所不傳者也。

且先王之制也。改玉則改行。旂旒冕璪。以示登降之品。今汙世人不通於禮也。處尊而偪賤。居大而侵小。夫以王公之尊。而圉隸以自奉。難爲其下矣。不惟以陋於厥躬也。而又旁無以施其族黨。上不豊其宗祧。曰吾以是爲儉也。不亦夷貊之人矣乎。

執中

子華子曰。聖人貴中。君子守中。中之爲道也幾矣。

朱明長羸。不能盡其所以爲溫也。必隨之以揫歛之氣而爲秋。玄武沍陰。不能盡其所以爲寒也。必隨之以敷榮之氣而爲春。孰爲此者天也。天且不可以盡。而況於人乎。

子華子曰。王者樂其所以王。亡者亦樂其所以亡。故烹獸不足以盡獸。

嗜其脯則幾矣。王者有嗜于理義也。亡者亦有嗜乎暴慢也。所嗜不同。故其禍福亦不同也。

子華子曰。撞鈞石之鐘。六樂合奏於庭。所以寫樂也。而隱憂者臨之而逾悲。不主乎樂故也。鬱搖而行歌。促弦而急彈。所以寫憂也。而安恬者得之而逾歡。不主於憂故也。然則憂樂在外也。所以主之者內也。內之所感。赭蒼互色。東西貿區。而昧者則不之知也。故曰。觀流水者與水俱流。其目運而心逝者歟。

子華子曰。凡物之有所由者。事之所以相因也。理之所以相然也。軸之軸車由是以相運也。紬之紬絲由是以相屬也。姓伷之由族由是以有分也。橘柚之柚味由是以有別也。宇宙之宙理由是以有傳也。禾之油油穀由是以登也。雲之油油雨由是以降也。憂心有妯心由是以動也。

左旋右抽軍由是以止也故凡物之有所由者。事之所以相因也。理之所以相然者也。

大道

子華子曰。火宿於心。炎下而排上。其神躁而無準。人之暴急以取禍者。心使之也。木宿於肝。觸突干抵而銳其神猾束而無當。人之撲戇以取禍者。肝使之也。金宿於肺。鏗訇而不屈罄而不能仰也。其神闊疏而無法。人之訐決以取禍者。肺使之也。水宿於腎。瑟縮以湊險。其神伏而不發。人之嫙婀脂韋以取禍者。腎使之也。土宿於脾。磅礴而不盡其滲漉也。下注而不止。其神好大而無功。人之重遲澀訥以取禍者。脾使之也。火之氣喜明也。木之氣喜達也。金之氣喜辨也。水之氣喜藏也。土之氣發生也。是故事心者宜以孝。事肝者宜以仁。事肺者宜以義。事腎者宜

以知事脾者宜以誠實而不詐五物宿於其所喜五事官施其所宜外邪之不入內究之不泄夫是之謂善完

子華子曰人之性其猶水然水之源本甚潔而無有衰穢其所以湛之者久則不能以無易也易而不能反其本初則還復疑於自性者矣是故方圓曲折湛於所遇而形易矣青黄赤白湛於所受而色易矣砰訇淙射湛於所閡而響易矣洄洑潋溶湛於其所以容而態易矣鹹淡芳奥湛於其所以染而味易矣凡此五易者非水性也而水之所以爲性者則然矣是故古之君子慎其所以湛之

北宫意問

北宫意問曰上古之世天不愛其寶是以日月淑清而揚光五星循晷而不失其次鳳凰至蓍龜兆甘露下竹實滿流黄出朱草生敢問何所

脩爲而至於是也。子華子曰。異乎吾所聞。夫禎祥瑞應之物。有之足以備其數。無之不缺於治也。聖王不識也。君子不道也。治世所無有也。上古之世。居有以虛。宰多以少。所以同於人者用舍也。所以異於人者神明也。神明之運。其由也甚微。其效也甚徑。與變相蕩遷。與化相推移。陰陽不能更。四序不能虧。洞於纖微之域。通於恍惚之庭。挹之而不沖。注之而不滿。彼其視鳳凰麒麟也。象牢之養爾。彼其視澧液甘露也。甽澮之寫爾。彼其視芝房竹實。凡草木之異者。畦圃之毓爾。彼其視玉石瓌怪。凡種種之族者。篋襲之藏爾。故曰。聖王不識也。君子不道也。治世所無有也。昔者有虞氏彈五絃之琴。以歌南風之詩。而光被四表。格于上下。周公之佐成王也。希膳不徹於前。鐘鼓不解於懸。而歌雍詠勺。六服承德。凡禎祥瑞應之物。有之足以備其數。無之不缺於治。聖王已沒。天下大亂。父子貿性。君臣失紀。未有甚於今日也。然且日月星辰。衡陳於上。與治世同焉而已矣。故曰。天道遠。人道邇。待蓍龜而襲吉福之末也。顛蹶望拜而謁焉。其待則薄矣。故聖王不識也。君子不道也。治世所無有也。吾恐後世之人主。方睢睢盱盱。唯此之事。而爲人臣者。巧詐誕謠。以容悅於其君。舍其所當治。而責成於天。借或氣然而數繆也。忽有鍾其變者。色澤狀貌。非耳目之所屬也。於是奉以爲祥。君臣動色。士庶革聽。以至作爲聲歌而薦之於郊廟。錯采績畫。而以夸諸其臣民。奄然以爲後世莫我之如也。

子華子曰。醫者理也。理者意也。藥者瀹也。瀹者養也。腑臟之伏也。血氣之留也。空竅之塞也。關鬲之礙也。意其所未然也。意其所將然也。察於四然者而謹訓於理。夫是之謂醫。以其所有餘也。而養其所乏也。以其

所益多也而養其所損也反其所養則益者彌損矣反其所養則有餘者彌乏矣察於二反者而加疏瀹焉夫是之謂藥

流水之不腐以其逝故也戶樞之不蠹以其運故也

夫心者五六之主也精神之舍也心之精爲火其氣爲離其色赤其狀如覆蓮其神爲朱鳥其竅上道於舌肝之精爲木其氣爲震其色青其狀如懸瓢其神爲蒼龍其竅上通於目肺之精爲金其氣爲兌其色白其狀如懸磬其神爲伏虎其竅上通於鼻腎之精爲水其氣爲坎其色黑其狀如介石其神爲玄龜其竅上通於耳脾之精爲土其氣爲戊己其色黃其狀如覆缶其神爲鳳凰其竅上通於口是故脾腎心肝肺五官之司口舌鼻耳目五官之候脾之藏意腎之藏精心之藏神肝之藏魂肺之藏魄金木水火土五精之總也寒熱風燥濕五氣之聚也

神氣

子車氏之猳。其色粹而黑。一產而三豚焉。其二則粹而黑。其一則駁而白。惡其弗類於己也。嚙而殺之。決裂其腎腸。糜盡而後止。其同於己者。字之惟謹。而恐其傷也。子華子曰。甚矣。心術之善移也。夫目眩於異同。而意怵於愛憎。雖其所自生。殺之而弗悔。而況非其類矣乎。今世之人其平居把握附耳。呫呫相爲然約。而自保其固。曾膠漆之不如也。及勢利之一接。未有毫澤之差。蹴然而變乎已。又從而隨之以兵。甚矣。心術之善移也。無以異乎子車氏之猳。

宋有澄子者。亡其緇衣。順塗以求之。見婦人衣緇衣焉。援之而弗舍。曰。而以是償我矣。婦人曰。公雖亡緇衣。然此吾所自爲者也。澄子曰。而弗如速以償我矣。我昔所亡者紡緇也。今子之所衣者禪緇也。以禪緇而當我之紡緇也而豈有所不得哉子華子曰夫利之惛心也幸於得而已矣忘其所以爲質者矣幸於得而忘其所以爲質夫何所憚而不爲之哉今世之人求其不爲澄子者或寡矣

子華子曰今世之士其無幸歟川閱水以成川世閱人而爲世河之下龍門也疾如箭之脫筈人壽幾何而期以有待也治古之時積美于躬如膚革之就充惟恐其不脩弗憂於無聞如擊考鼓鐘其傳以四達繹如也今則不然荒飈怒號而獨秀者先隕霜露宵零而朱草立槁嫧市之徒又從而媒孽以髟搖之是以萌意於方寸未有毫分也而觸機穽展布其四體未有以爲容也而得拱梏懷抱其一概之操泯泯默默而願有以試也而漫漫之長夜特未旦也疾雷破山澍雨如霔雞唶於塒而失其所以爲司晨也人壽幾何而期以有待也今世之士其無幸歟

子留子築居於五源之溪。使其徒公子賓胥見子華子於齊。曰。先生之役子留子。使賓胥也。敬以有請。夫五源之溪天下之至窮處也。颸吟而颵啼且曉昏而日昳也。蒼蒼踟躕四顧而無有人聲。雖然。其土脈膏以發。其植物也兌兌以澤。其清流四注。無乏於濯洗。其蘋草之芼。足以供祭也。流光馳景。却顧於斷蹊絕壑之下。雲雨之所出入也。其石皴栗爛如赭霞。藹草之芳。從風以揚。壟耕谿飲。爲力也佚。而坐嘯行歌。可以卒歲。今先生之年運而往矣。而其所以蘊藏者無期。惟是河汾之間。不吾容也。而寄食於海瀕。歲又弗稔。其何以供億。今之諸侯。其地相埒也。其德相若也。先生之車軨。其將誰氏之之。是以子留子使賓胥也。敬以有請。無寍先生而肯照臨於山蹊之中。將使斯人也耳聞而目明。先生豈無意歟。

諸子文粹卷四十四

評注子華子精華

張諤撰

民國九年（1920）上海子學社石印《評注皕子精華》本

人臣能致其君

治通於精神

子華子姓程氏。名本。字子華。晉人也。博學善持論。不苟容於諸侯。聚徒著書。自號程子。孔子遇諸郯。傾蓋而語終日。歎曰。天下賢士也。

夫人臣能致其君。能有所不為。然後可責之以有為。人臣能有所不為。然後能無不為也。本也。未能無不為也。能有所不為矣。

（王鳳洲曰）筆勢如轉圜。又似盤珠。

子華子曰。夫言之所以感為響。響欲絕而感已移。意之所以將為思。思未革而事前輟。何則。精神之所弗包焉。故曰。七十九代之君。法制不一。號令不齊。而俱王於天下。明旌善類。而誅鋤醜厲者。法之正也。其所以能行焉。精神也。精神不

治家在於聞正言

白則無以王矣其在後世以急刻而責恕以偽偽而課忠言非其願意非其真而保人之弗叛悲夫是正生於夕室也是白之懸而黑之慕也是縱言於陸而發軔於川也某亦不可以幸而幾矣（此段喻精神不白不可以為治）（精神可以通天地何況治）是以欲治之君將以有為於是（道）者必先正其本術定其精而不搖保其誠而弗虧矣然後出言以副情端意以明指世雖亂也俗雖污也而曰感不効於影響者吾斯之未能信

（王鳳洲曰）平治天下在於正心大學之道也自古未有精神不白而能王天下者子華此段可謂知治本而其文亦縱橫可誦讀之令人胸次玲瓏

子華謂子晏子曰夫治有家大夫亦嘗聞之矣乎晏子曰嬰願聞之於吾子矣子華子曰治古之時其君之志也端以有修其臣同德比義而無有異心朝無幸位事無失業（此在朝之治家）其四境之外耒耜從其宜溝畝以其棲其民感而從法疏而弗失（此在野之治家）上下翦翦惟其君之聽盩氣伏息灾疫不作四隣寢兵而珪玉纁幣以承其懽此非治家而云何（此段言君有端志朝無幸位而治家自斷）（語治經世句可觀）今齊之正言不聞聰明不開朝弟而不除野荒而薦饑其去治家也遠矣無等級以寄言者矣本（子華之名）聞之下無言謂之喑上無聞謂之聾聾喑之朝上有闕志而下多忌諱齊之謂

也且合升勺龠合以登之斛廩則成矣太山之高非一石之積也琅邪之東渤澥稽天非一水之鍾也所以治國家天下者非一士之言也今齊之執事者其悖矣乎

（王鳳洲曰）至治之世君臣同德朝無倖位則蔽賢之禍息矣故其極治之象四通八達無有障塞若使君子不幸而處聾喑之朝雖欲切諫以寄言其道無由矣此段之言極是有理可謂後世人君之戒

子華子謂晏子曰天地之間有所謂隱戮者（隱戮謂天殃也）而莫之或知知之者其幾於道乎晏子曰何謂也子華子曰天地之生才也實難其有以生也必有所用也如之何其將擁之蔽之而使之不得以植立也天地之所大忌也日月之所燭燎也陰陽之所機移也鬼神之所伺察也是以帝王之典進賢者受上賞不薦士者罰及其身善善而惡惡其實皆衍于後嘗試觀之夫物之有材其精華之蘊神明之所固護而祕惜不可以智力窺也嘗金以沙固玉以璞珠之所生漩柏之淵而隈澳之下也豫章梗楠之可以大斵者必在夫大山窮谷屝顏嶇峿之區抉剔之掎摭之剝削之苟有不中于程度則有虎狼蛟蜃虺蜴之變雷霆崩墜覆壓之虞何以故天地之生材也實難其有以生也必有所用也如之

心術善移

何其將蘷之敵之而使之不得以植立是謂之違天而黷明（又挽轉一番）違天而黷明神則殛之雖大必折雖炎必撲荒落而類圮敗而族夫是之謂隱戮（天生寶玉材木猶且愛惜則其于賢才可知前賢者拂知此隱戮所必加也）隱戮也者陰騭之反也如以匙勘鑰也如以璽印塗也既以其類其應如響

（王鳳洲曰）為不善于顯明之中者人得而誅之妨賢病國之徒其為術也巧其為機也深而冥冥之中已降之罰若符契之不爽焉誰云天道遠也故從來談敵賢者惟此為痛快

子車氏之豭其色粹而黑一產（生也）而三豚專其二則粹而黑其一則駁（不粹）而白（古今未有之奇論）惡其弗類於己也（弗類不相似也）噬而殺之決裂其腎腸糜盡而後止其同於己者字之惟謹而恐其傷也子華子曰甚矣心術之善移也夫目眩於異同而意怵於愛憎雖其所自生殺之而弗悔而況非其類矣乎今世之人其平居把握附耳呫呫相為然約而自保其固曾膠漆之不如也及勢利之一接未有毫澤之差蹴然而變乎色又從而隨之以兵（用戈兵相殘害也）甚矣心術之善移也無以異乎子車之豭

（王鳳洲曰）借子車氏之豭發一段翻雲覆雨之人情引喻甚奇而文字簡古意思玄深如白煉精金人人心賞

北宮子將仕於衛，子華子曰：意（北宮子之名）來，子之所以自事其君者，亦嘗有以語我乎。北宮子曰：意未得以卒業也（謂未得終其事也）。以是樵蘇之弗繼，餬其頤頰於人乎容（謂寄食於人也）。雖然，謹志其所欲為於善，而遠其惡也，庶幾於完（全其心性）。子華子愀然變容有間曰：意，是何言歟。善奚足願，而惡奚足違。吾語若（汝也），聖人不出，天下潰潰，日趨於迷欲，以有己，而卒於喪己；欲以達之於人，而卒於失人。凡以善故，王者作興，將以濯滌今世之惛憖，去善其殆可乎哉。善弗去，亂弗艾也。而又奚以善為。北宮子曰：嘻，有是哉。願畢其說。子華子曰：人中（心也）虛圓不徑寸，神明舍焉。事物交滑，如理亂棼，如涉驚浸，一則以之怵惕，一則以之忌諱，一則以之懲創，是則一日之間，一時之頃，而徑寸之地，如炎如冰矣（冷熱不常也）。夫所謂神明者，其若之何而堪之。神弗留則蠹（物生蟲曰蠹），明弗居則耗，而又奚以善為。古之知道者，洎兮如大羹之未調，䛠䛠兮如將孩，隨推而還，因薄而還，其精白津津若遺，而復存。其神明休休，常與道謀，去羨去慕，孰知其故。今子之言曰：謹志以為善，則不善者將誰與耶（言己為善，則不善將與何人為之乎）。遣子之所惡，則惡將誰仮耶。予而弗受，仮而弗納，則必有忿悁之心起，而與我立敵矣。以我矜願之意，而接彼忿悁之心何為而不鬬鬬且不止則囂淩詬誶大則碎首穴胸夫以若之言而幸於完其幾於殆矣殆，亂也。

（王鳳洲曰）大意欲出於無意為善違惡皆有意也此篇出入老莊語意而章法句法字法亦出一律若幻冥而實不幻冥似險怪而實不險怪刮破理窾從一點靈機化出所謂百煉金精儆成奇品是真諸子赤幟也

勢利惛心

宋有澄子者亡其緇衣順塗以求之見婦人衣緇衣焉援之而弗舍求其與已也曰而以是償我矣婦人曰公雖亡緇衣然此吾所自為者也澄子曰而弗如速以償我矣我昔所亡者紡緇也今子之衣者襌緇也見[illegible]之甚也以襌緇而當我之紡緇而豈有所不得哉子華子曰夫利之惛心也利令智昏幸於得而已矣忘其所以為質者矣質，本也幸於得而忘其所以為質夫何所憚而不為之哉今世之人求其不為澄子者或寡矣

（王鳳洲曰）始疑其為已物猶可言也既知非已有而強求則惡矣利之惛心可笑如是空中布景

善不可以有為

善不可以有為也一有為者有心作為之也堯曰若之何而善於予之事舜亦曰若之何而善於予之事是上與下爭為善也上與下爭為善是兩窒也兩窒則烏得平乎平不施焉則惡得直失其所以平直則堯無以為堯矣舜無以為舜矣吾子謹志

慎所交與

人材不可毀

於堯舜也。而又奚以爲善。

（唐荊川曰）善也者，性之者也。易曰：繼之者善也，成之者性也。中庸曰：率性之謂道。孟子曰：堯舜性之也。又奚必逐逐然紛心於爲爲也哉。

留務茲從子華子遊者十有二年。言其久也日相屬。而言不接也。相與爲無言之交也業成而辭歸。將隱居於五源之溪。子華子曰。天下之物有湛滑稽而難持者。女知之乎。疾之則脫。緩之則潎焉以逝。泭捉圜之謂也。而吾所謂善待者。能爲之於疾徐文人作文事究。竟亦是平常之間。今汝之所治。吾無間然者矣。然子之志。則廣取而汎與者也。汎與者謂不擇交也。吾恐女之後夫擇者也。其將有劓女之外郛。而自築其宮庭者矣。登女之車而乘之。以馳騁於四郊者。取女之所以爲璧者矣。毀裂而五分之者矣。夫道固惡於不傳也。不傳則妨道。又惡於不得其所以傳也。不得其所傳則病道。今女則往矣。結出正意而思所以慎厥與也。慎其所交也則於吾無間然者矣。

（唐荊川曰）思留務茲汎交而不得人。故以慎與規之。而辭氣恢廓。文字奇崛。後生熟讀。不爲無補。

今夫人之常情。爲惡其毀也。成惡其虧也。於其所愛焉者。則必有恪固之心。恪固謂誠信保守之也。恪固之心。萌於中虛卒然而攻其所甚愛。則必曹起而爭。爭而不得則必氣沮而志奪。氣沮而志奪則拂然而怒塡乎膺。拂然而怒塡乎膺。則將無與爲敵者矣。此言人情所愛者。不受人毀。以起下文天地之所愛者亦不受人毀也。天地之所以生材也。甚愛之甚惜之。則其所以有恪固之心。曾何以異夫人之常情。世之人莫之或知也。徒恃其胸腹之私。與其狡譎變詐之數。翕翕而訿訿。巧詆而深排。規以幸人不已勝也。夫人之勝人也何有。天地之鑒也。神明之照也。甚可畏也。甚可怖也。如使之氣沮而志奪。拂然而怒。以充塞乎兩間。偏倶厄壓。聚而爲陰陽之罰。其中於人也必慘矣。是必至之勢。而無足經怪者。悲夫世之人莫之或知。知之者其幾於道矣。

（唐荊川曰）賢才者。天地神明之所護惜也。而人必忌之妬之。毀之譊之。翕翕而訿訿。是則非直與賢才爭。乃欲與天地神明爭也。幾何而不爲天地神明誅也哉。

評註硒子精華卷六終

子華子考補證

黄雲眉撰

民國二十一年(1932)金陵大學中國文化研究所刊《古今僞書考補證》本

子華子

稱程本。陳直齋曰，『考前世史志及諸家書目並無此書，蓋依託也。家語有孔子遇程子傾蓋之事，而莊子亦載子華子見昭僖侯，昭僖與孔子不同時。莊子固寓言，而家語亦未可考信。當出近世能言之流，爲此以玩世耳。』周氏涉筆曰，『子華子所著，劉向序者，文字淺陋，不類向筆。』晁子止曰，『多用王氏字說，謬誤淺陋，殆元豐以後舉子所爲耳。』胡元瑞曰，『此必宋人姓程名本者所爲。』

補證

眉按：王世貞讀子華子曰，『子華子十卷，自孔子遇諸剡而贈之以束帛，於是著焉。余得而讀之：陽城渠胥章顛言陰陽之理，亦有大致語，而風輪水樞之說，亦微近穿鑿。其辨黃帝鼎成升遐事甚詳，然似是公孫卿以後語、駁剡子禮亦正，然似是左氏以後語。辭趙簡子聘章，則模檀左文也。晏子之事景公也，不治阿；且其言阿，則烹與封之說也。謂仲尼天也；又曰轍迹病矣，則門弟子之說也。大道章顛言身中之造化，時時及養生；北宮意章則及醫矣，是岐黃之說也。凡子華子所言理在春秋時最近，而文則廣有所剽擬，誦之可也，然不可以爲眞子華子。」（讀書後卷一）是亦以其書爲僞矣。而其言轉不若朱熹之肯定。朱熹曰：『會稽官書版本有子華子者，云是程本字子華者所作，即孔子所與傾蓋而語者。好奇之士，多喜稱之。以予觀之：其詞故爲艱澁而理實淺近；其體務爲高古而氣實輕浮；其理多取佛老醫卜之言；其語多用左傳班史中字；其粉飾塗澤，俯仰態度，但如近年後生巧於模擬變撰者所爲，不惟決非先秦古書，亦非百十年前文字也。眉按，詹景鳳小辨卷五十六亦云，「子華子爲程本，孔子所稱賢者，似老莊而儒，以故其書不儒不莊不老。文稍似漢，但意致不古。如云，元者太初之中氣也，人之有元，百骸統焉，古之制字者，知其所以然，是故能固其元爲完具之完，殘其所固爲賊寇之寇，如法度焉爲冠冕之冠，意雖新而語落後代。大諦說道德不深致，說事功不剴切，既不可云隱，又不可云費，必贗作也。」原其所以，祗因家語等書。有孔子與程子傾蓋而語一事，而不見其所語者爲何說，故好事者妄意此人既爲先聖所予，必是當時賢者，可以假託聲勢眩惑世人，遂僞造此書以傅合之。正如麻衣道者本無言語，祗因小說有陳希夷問錢若水骨法一事，遂爲南康軍戴師愈者僞造正易心法之書以託之也。然戴生朴陋，予嘗識之，其書鄙俚，不足惑人。此子華子者，計必一能文之士所作，其言精麗過麻衣易遠甚，如論河圖之二與四，抱九而上躋，六與八，蹈一而下沈，五居其中，據三持七，巧亦甚矣，唯其甚巧，所以知其非古書也。又以洛書爲河圖，亦仍劉牧之謬，尤足以見其爲近世之作。或云王銍性之姚寬令威多作贋書，二人皆居越中，恐出其手；然又恐非其所能及。如子華子者，今亦未暇詳論其言之得失，但觀其書數篇與前後三序，皆一手文字；其前一篇託爲劉向而殊不類向他書，後二篇乃無名氏歲月，而皆託爲之號，類若世之匿名書者。至其首篇風輪水樞之云，正是並緣釋氏之說。其卒章宗君三祥蒲璧等事，皆剽剟他書，傅會爲說。其自叙出處，又與孔叢子載子順事略相似。又言有大造於趙宗者，即指程嬰而言，以左傳考之，趙朔既死，其家內亂，朔之諸弟，或放或死，而朔之妻乃晉君之女，故武從其母，畜於公宮，安得所謂大夫屠岸賈者興兵以滅趙氏，而嬰與杵臼以死衞之云哉？且其曰有大造者，又用呂相絕秦語，其不足信明甚。而近歲以來，老成該洽之士，亦或信之，固已可怪；至引其說以自證其姓氏之所從出，則又誣其祖矣。」（偶讀謾記）然則此書爲宋人僞撰，已無疑義。四庫提要謂「其文雖稍涉曼衍，而縱橫博辨，亦往往可喜，殆能文之士發憤著書，託其名於古人者。觀篇末自叙世系，以程出於趙，睠睠不忘其宗屬，其子勿有二心以事主，則明寓宋姓，其殆熙寧紹聖之間宗子之忤時不仕者乎？」譚獻則謂「三經義行，爲荆公之學者作僞欺世。」（復堂日記卷四）亦各有見，然其斷爲宋人僞撰則同也。

陸翔輯注

子華子精華

民國二十三年(1934)上海世界書局石印《四部精華》本

子華子精華

陽城胥渠問　錄二則

子[一]華子曰。夫道一也。我與道而為三矣。而我之百骸九竅毛髮膏澤。臟腑肝膈吹噓汲引。滋液吐納。無非道也。自此以往。大撓[二]甲子所不能紀也。是故道立於一。而萬物之變也。百事之化也。散而為萬殊。奫[三]淪而無涯。古之知道者。務全其生。務全其生者。不亡其所有也。不亡其所有者。道之守也。道之守者。神之舍也。是故全生者為上。虧生者次之。死次之。迫斯為下矣。所謂全生者。六欲[四]皆得其宜也。所謂虧生者。六欲分得其宜也。夫虧生則於其所尊者薄矣。其虧彌甚。則其尊彌薄。所謂死者。無有所知而復其未生也。所謂迫生者。六欲莫得其宜也。皆獲其所甚惡者也。辱莫大於不義。不義者迫生也。故曰迫生不如死。人之常情。耳聞而目見也。耳聞所甚惡不如無聞。目見所甚不欲。不如無見。是以迅雷則掩耳。恐故也。所貴乎嗜梁肉者。非腐鼠[五]之謂也。所貴乎飲醪醴者。非敗酒之謂也。所貴乎尊生者。非迫生之謂也。夫迫生之人。鞠窮而歸。故曰迫斯為下矣。

公仲承問於程子曰。人有常言。黃帝之治天下也。百神出而受職於明堂之庭。帝乃採銅於首[六]山。作大爐焉。鑄神鼎於山上。鼎成。羣龍下迎。乘彼白雲。至於帝鄉。羣小臣不得上升。攀龍之胡。力顫而絕。帝之弓裘墜焉。於是百姓奉之以長號。故名之曰烏號之弓。而藏其衣冠於橋陵。信有之乎。程子曰。否。甚矣世之好誦怪也。聖人與人同類也。類同則形同。形同則氣同。氣同則知識同矣。類異則形異。形異則氣異。氣異則知識異矣。人之所以相君長者類也。相使者形也。相管攝者氣也。相維持者知識也。人之異於龍。龍之異於鼎。鼎之異於雲。言之辯也。惡足以相感召而實使之耶。其不然也必矣。世之好譎怪也。吾聞之。太古之聖人。所以範世訓俗者。有直言者。有曲言者。直言者。直以情貢也。曲言者。假以指喻也。言之致曲。則其傳也久。傳久而僞則知者正之。僞甚而殽亂。則知者止之。夫黃帝之治天下也。其精微之感蕩。上浮而下沈。故爲百福之宗。爲百福之所宗。則是百神受職於庭也。帝乃採銅者。鍊剛質也。登彼首山。就高明也。作爲大爐。鼓陽化也。神鼎。熟物之器也。上水而下火。二氣升降以相濟。中和之實也。羣龍者。衆陽氣也。雲者。龍屬也。帝鄉者。靈臺之闕。而心術之變也。帝之所謂類也。形也。氣也。知識也。雖與人同爾。然而每成而每上也。每成而每上。則其精微之所徹達。神明之所之適。其去人也遠矣。羣小臣知識之所不及者也。攀龍之胡。有見於下也。不得上升。無見於上也。有見於下。無見於上者。士也。上下無見者。民也。弓袞衣冠者。帝所以善世制俗之具也。民無見也。懷其所以治我者而已矣。故帝之逝也。號以決其慕。藏以奉其傳。此假以指喻之言也。而人且亟傳之以相誑欺。甚矣世之好譎恠也。千世之後。必有人主好高而慕大。以久生輕舉而爲羡慕者。其左右狡詐希寵之臣。又從而逢之。是將甘心於黃帝之所造者矣。夫人之大常。生而少壯。轉而爲衰老。轉而爲死亡。聖凡之所共也。上知之所弗幸免焉者也。且自故記之所傳。若存而若亡。大庭中黃赫胥尊盧以來。所謂聖人者不一族。吾誠恐大圜之上。嶢榭聯累。雖處什伯。不足以處也。而復何所主宰。臣何所使。而其昏昏默默。以至於今也。是不然之甚者也。然而世之人。知者歆羨。愚者矜跂。甚矣世之好譎怪也。夫周之九鼎。禹所以圖神姦[九]也。黃帝之鑄一。禹之鑄九。其造為者同。而所以之適焉者頗異。是可以決疑矣。且世之傳疑也。不唯其傳。昔宋有丁氏。家故無井。而出溉汲焉。常一日而一人居外。懲其如是也。鳩工而穿井於庭。家相與語曰。今吾之穿井。得一人矣。有聞而傳之者曰。丁氏穿井而得一人也。國人更相道之。語徹于宋君。宋君召其人而質之。丁氏對曰。自臣穿井。家獲一人之力。非得一人於井也。是故黃帝之鑄神鼎。是井中人之譬也。知者正之。是宋君召其人而質之之譬也。千世之後。必有人主好高而慕大。以久生輕舉而為羨慕者。其左右狡詐希寵之臣。又從而逢之。是將甘心於黃帝之所造者矣。此吾所以反之復之而不能已者也。小子志之。

註 ㊀子華子 春秋晉人．博學善持論．聚徒著書．自號程子．名稱聞於諸侯．時趙簡子為政．欲致之．逡巡不肯起．去而之齊．館於晏氏．更稱子華子．後年老歸晉．不復仕． ㊁大撓甲子 大撓．黃帝之臣．始作甲子．干支相配．其變六十．因甲子在首．統言之曰甲子． ㊂奫淪 水波深廣也．奫．讀如氳． ㊃六欲 六根所生之欲也．六根佛家語．佛經以眼耳鼻舌身意為六根． ㊄腐鼠 喻輕賤之物也．見（莊子）． ㊅首山 在今河南襄城縣南． ㊆大庭中黃赫胥尊盧 皆古帝王之號． ㊇大圜 天也． ㊈神姦 謂神鬼也．（左傳）鑄鼎象物百物而為之備．使民知神姦．

晏子 錄一則

子華子謂晏子曰。天地之間。有所謂隱戮者。而莫之或知。知之者其幾於道乎。晏子曰。何謂也。

子華子曰。天地之生才也實難。其有以生也。必有所用也。如之何其將壅之蔽之。而使之不得以植立也。天地之所大忌也。日月之所燭燎也。陰陽之所杌移也。鬼神之所伺察也。是以帝王之典。進賢者受上賞。不薦士者罰及其身。善善而惡惡。其實皆衍於後。嘗試觀之。夫物之有材者。其精華之蘊。神明之所固護而祕惜。不可以知力窺也。蒙金以沙。固玉以璞。珠之所生。漩桓之淵。而隈澳之下也。豫章楩楠之可以大斵者。必在夫大山窮谷。孱顏嶇峿之區抉剔之。掎摭之。剎削之。苟不中於程度則有虎狼蛟黿虺蜴之變。雷霆崩墜覆壓之虞。何以故。天地之生才也實難。其有以生也。必有所用也。如之何其將壅之蔽之。而使之不得以植立。是之謂違天而黷明。違天而黷明。神則殛之。雖大必折。雖炎必撲。荒落而類。圮敗而族。夫是之謂隱戮。隱戮也者。陰隙之反也。如以匙勘鑰也。如以璽印塗也。必以其類。其應如響。晏子曰。駭乎哉吾子之言也。嬰也願遂其所以聞。子華子曰。大夫無甚怪於余之所以言也。余之所以言。其有以云也。今夫人之常情。為惡其毀也。戚惡其虧也。於其所愛焉者。則必有恪固之心。恪固之心萌於中虛卒然而攻其所甚愛。則必曹起而爭。爭而不得。則必氣沮而志奪。氣沮而志奪則拂然而怒填乎膺。拂然而怒填乎膺。則將無與為敵者矣。天地之所以生材也。甚愛之。甚惜之。則其所以有恪固之心。曾何以異夫人之常情。世人之莫之或知也。徒恃其胷腹之私。與其狡譎變詐之數。翕翕而訿訿。巧詆而深排。規以幸人。不已勝也。何有。天地之鑒也。神明之照也。甚可畏也。甚可怖也。如使之氣沮而志奪。拂然而怒。以充塞乎兩間。偏俱阨㚘聚而為陰陽之罰。其中於人也必慘矣。是必至之勢而無足經怪者。悲夫。世之人莫之或知。知之者其幾於道矣。本也晉國之鄙人也。嘗得故記之所道者矣。昔先大夫欒武子之在位也。夙夜靖共。矯枉而惠直。不忘其執守。而以從其君。厥有顯聞。布在諸侯之册書。逮其嗣主則不然。弗類於厥心。放命以自賢。怙寵專權。翦棄人士。圖以封殖於厥躬。國人疾視之。如目有眯焉。日移其志以速厥罰。欒氏以亡。昔先大夫隨武子之在位也。明睿以博識。晉國之雋老也。然且慆焉而不自居。惟曰余有所不見。惟曰余有所不知。惟曰余有所不聞。瞑有所忘。旦而升諸公。是以晉國之士。無遺其材者。用能光融昭著。以有立於朝。父子兄弟以世及也。而為晉宗卿。逮其嗣主則不然。囂囂自庸。而巧持其非心。毀本塞原。甚於弛目。唯諛佞之小夫。是暱是用。絜然知者遠之。灑然善者伏藏以在下。日移其志以速厥罪。范氏以亡。昔先大夫中行文子之在位也。拔識俊良。振其滯淹。人之有技能。如出於厥躬。恪謹弗解。惟力是視。是以能相其君。以尋盟諸侯。逮其嗣主。以苛為察。以欺為明。以刻為忠。以計多為善。以聚斂為良。崩角摘蠹。恐人之軌己也。門如鬧市。惟利是視。憸人乘間而會逢其惡。極其回邪。如鬼如蜮。日移其志以速厥罰。中行氏以亡。凡此三主者。晉國之世臣也。所謂崇蘊穹窿而不遷之宗也。而又其先大夫皆有玄德以媚於上下神祇。其在嗣主。荒墜厥訓。用以覆宗滅緒。餒其先靈。而不得以血食于晉國。無他故也。恃其盛強昌庶。而蔑棄於理。憑人而勝天。藏忮於中。而以之違天地之所恪固。是以其酷如是也。而況於單族後門之士。竊人之爵祿而邀覬於一時之幸。虛愒而恫疑。且懼人之出於其上也。疑似之迹未明。同異之志未講。而壅之蔽之。使之不得以植立也。則其得禍也。必有深於晉之三主者矣。夫築垣墉者。務其高而不矜其實。高不隱仞。而塞傾之矣。以兩手而掩人之聰明。自以為得也。而不知其聾瞽之疾。已移於己也。悲夫。夫豈不為之大哀矣乎。晏子曰。駭哉乎言也。微吾子。嬰無所聞之。嬰也請刻諸佩觿。以志其不忘也。

【註】㊀晏子 春秋齊人。即晏嬰。字平仲。相齊景公。食不重肉。妾不衣帛。一狐裘三十年。盡忠補過。名顯諸侯。㊁豫章 大木名。狀似楸。㊂孱顏 山峻貌。亦作巉巖。㊃恪固 硜硜堅守之意。㊄翕翕而訿訿 謂毀謗也。（詩）翕翕訿訿。㊅觝排 拒絕也。㊆尫躄 讀如汪厥。言羸弱之人氣逆而上也。㊇眯 音米。物入目中曰眯。㊈愮焉 喜悅貌。㊉嚚嚚 愚昧貌。⑪虺目 虺。毒蛇也。虺目。猶言毒蛇之怒目而視也。⑫崩角 猶稽首也。⑬憸人 利口小人也。⑭崇蘊穹窿 言充積天空也。⑮玄德 謂幽潛之德也。

執中 錄兩則

子華子曰。聖人貴中。君子守中。中之為道也幾矣。寓中六指。中存乎其間。兩端之建。而中不廢也。是故中則不既矣。小人恣睢。好盡物之情而極其執。其受禍也必酷矣。何以言之。朱明長羸不能盡其所以為溫也。必隨之以揫斂之氣而為秋。玄武沍陰。不能盡其所以寒也。必隨之以敷榮之氣而為春。孰為此者。天也。天且不可以盡。而況於人乎。是故誠能由於中矣。一左一右。雖過於中也。而在中之庭。一前一卻。雖不及於中也。而在中之皇。及小人好盡。則違於中矣。違於中。則必窘於邊幅而裂矣。必觸於巖墻而僵矣。必墜於阬塹而亡矣。如以石而投之於淵也。不極則不止矣。悲夫。天道惡盡。而昧者不之知也。古之君子。齋戒以滌其心。奉之而不敢失者。

其中之謂歟。天地覆壓。中不磨也。陰陽并交。中不渝也。五色玄黃亂於前。中不失也。悲夫。世之小人。快其志於俄頃之久。而促失其所以為中也。危國喪身而不早悟也。唯其惻然而以中怛之。怛之而不早悟也。是之謂下愚而不可動化者也。

子華子曰。撞鈞石之鐘。[三]六樂合奏於庭。所以寫樂也。而隱憂者臨之而逾悲。不主乎樂故也。鬱搖而行歌。促絃而急彈。所以寫憂也。而安恬者得之而逾歡。不主於憂故也。然則憂樂在外也。所以主之者內也。內之所感。赭蒼互色。東西貿區。而昧者則不之知也。故曰觀流水者與水俱流。其目運而心逝者歟。

註 (一)六指 即六合。謂天地四方也。(二)阬塹 讀硜槧。坎也。掘土為之。(三)六樂 即雲門大咸大韶大夏大濩大武也。雲門黃帝之樂。大咸堯樂。大韶舜樂。大夏大濩大武夏商周三代之樂也。

大道 錄二則

子華子曰。寒溫燥濕晦明之變則大矣。形怛乎化則涸。而其形無盡。喜怒哀樂思懼之化則備矣。神經乎變則涸。而其形有餘。正氣之在人也。上下灌注。如環之無端。莫知其紀極也。不可以為量也。是能使其神之所澤。鬱鬱勃勃而不可屈。是能使其形之所宅。完固靜專而不可撓。是故能通於養氣之術者。不可以不務白也。且氣不勝。邪攻之矣。攻之而不已。則氣必挫。挫之而不已則向於消亡矣。正氣漸盡。邪術壯長。心傷於中而色澤外變。神去其幹而死矣。是以古之知道者。築壘以防邪。疏源以毓真。深居靜處。不為物攖。動息出入。而與神氣俱。魂魄守戒。謹窒其兑專一不分。真氣乃存。上下灌注。氣乃流通。如水之流。如日月之行而不休。陰營其藏。陽固其府。源流㳷㳷。滿而不溢。沖而不盈。夫是之謂久生。

子華子曰。人之性其猶水然。水之源本甚潔。而有無衰穢。其所以湛之者久。則不能以無易也。易而不能反其本初。則還復疑於自性者矣。是故方圓曲折。湛於所遇而形易矣。青黃赤白。湛於所受而色易矣。砰訇[二]淙射。湛於所閱而響易矣。洄洑[三]濈溶。湛於其所以容而態易矣。鹹淡芳臭。湛於其所以染而味易矣。凡此五易者。非水性也。而水之所以為性者則然矣。是故古之君子慎其所以湛之。

註 ㈠㳷㳷 音朏。水湧出貌。㈡砰訇 讀怦轟。大聲也。（沈炯賦）其水則砰訇滂迫。或寬或疾。㈢洄洑 水盤旋也。

神氣 錄三則

留務茲從子華子游者十有二年。目相屬而言不接也。業成而辭歸。將隱居於五源之溪。子華子曰。天下之物。有甚滑稽而難持者。女知之矣乎。疾之則脫。緩之則潎焉以逝。非捉圜之謂也。而所謂善持者。能為之於疾徐之間。今女之所治。吾無間然者矣。然子之志。則廣取而汎與者也。吾恐女之後夫擇者也。其將有剽女之外邪。而自築其宮庭者矣。登女之車。而乘之以馳騁於四郊者矣。取女之所以為璧者。毀裂而玉分之者矣。夫道固惡於不傳也。不傳則妨道。又惡於不得其所以傳也。不得其所以傳則病道。今女則往矣。而思所以慎厥與也。則於吾無間然者矣。

子車氏之猳[一]。其色粹而黑。一産而三豚焉。其二則粹而黑。其一則駁[二]而白。惡其弗類於已也。齧而殺之。決裂其腎腸。糜盡而後止。其同於已者。字之惟謹。而恐其傷也。子華子曰。甚矣心術之善移也。夫目眩於異同。而意怵於愛憎。雖其所自生。殺之而弗悔。而況非其類矣乎。今世之人。其平居把握附耳呫呫[三]。相爲然約。而自保其固。曾膠漆之不如也。及勢利之一接。未有毫澤之差。蹴然而變乎已。又從而隨之以兵。甚矣心術之善移也。無以異乎子車氏之猳。

宋有澄子者。亡其緇衣[四]。順塗以求之。見婦人衣緇衣焉。援之而弗舍。曰。而以是償我矣。婦人曰。公雖亡緇衣。然此吾所自爲者也。澄子曰。而弗如速以償我矣。我昔所亡者紡緇[五]也。今子之所衣者禪緇[六]也。以禪緇而當我之紡緇也。而豈有所不得哉。子華子曰。夫利之惛心也。幸於得而已矣。忘其所以爲質者矣。幸於得而忘其所以爲質。夫何所憚而不爲之哉。今世之人。求其不爲澄子者或寡矣。

註　㊀猳。音嘉。牡豕也。牡豕而能産子。蓋子華子托奇異以言耳。㊁駁。毛色間雜也。㊂呫呫。小語也。㊃緇衣。緇。黑色也。謂黑色之衣也。㊄紡緇。紡。綢也。紡緇。謂綢質之緇衣也。㊅禪緇。禪音單。單衣也。禪緇。謂單布之緇衣也。

張驥撰

子華子醫道篇注一卷

民國二十四年(1935)成都義生堂刊本

乙亥仲夏

子華子醫道篇注

蘭村著

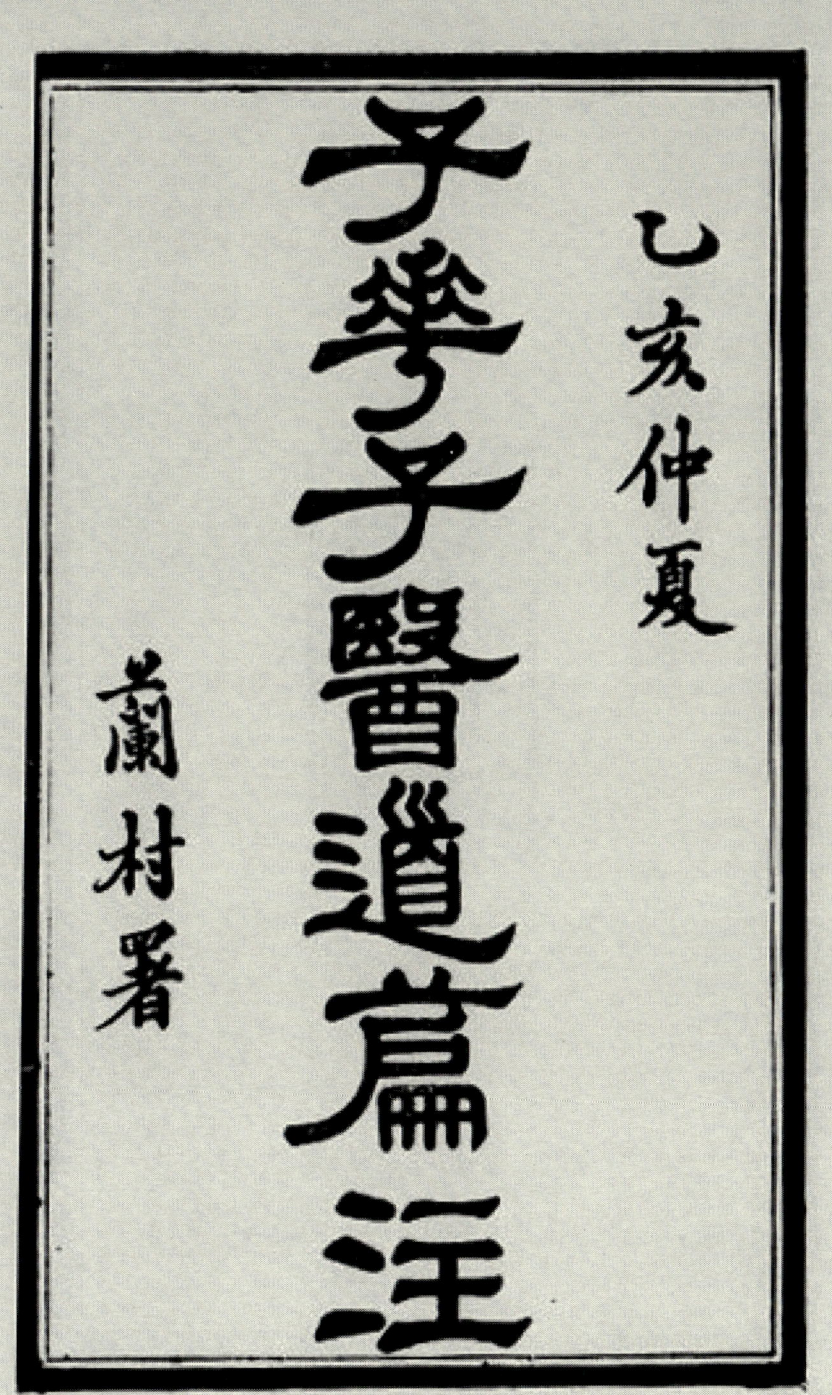

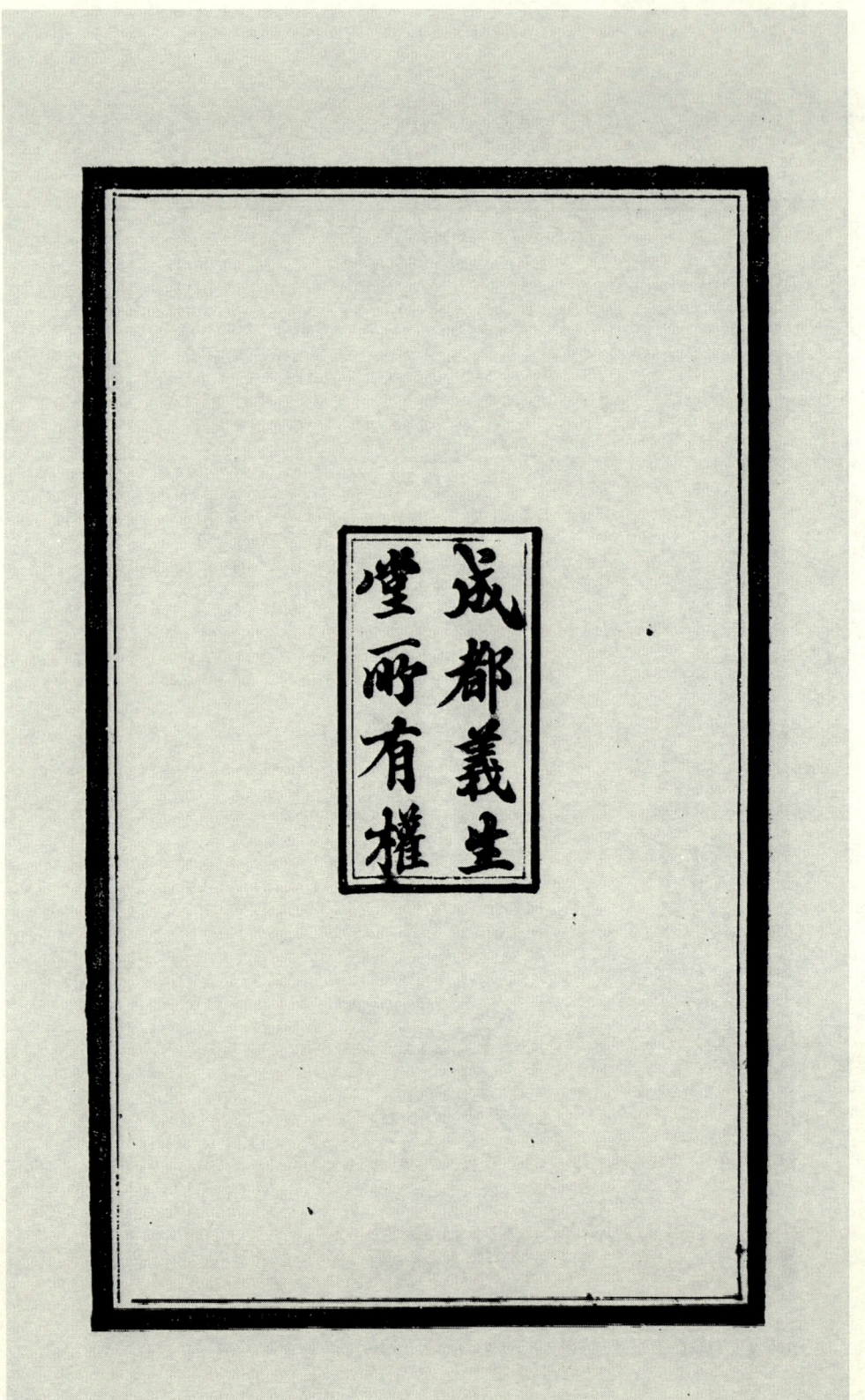

子華子醫道篇注自敘

醫者道也非術也子華子著醫道篇不曰術而曰道其於理身治國家天下無以外是矣然吾謂三代以上醫以道鳴由漢唐以至宋元之醫以道鳴且以術鳴也由宋元以來則醫之以術鳴者多而以道鳴者不數數覯也何以言哉漢書藝文志醫經七家黃帝扁鵲外今皆無傳就其所謂原人血脈經落骨髓陰陽表裏以起百病之本死生之分者不問而知爲以醫鳴道者也周禮醫師養四時之疾以五氣五聲五色眡其死生九竅九藏以知其動變鳴道也左傳秦緩論膏肓醫和詳六氣

鳴道也太史公傳扁鵲稱其能視見垣方人視病盡見五藏癥結治病不以湯液醪灑鑱石撟引案杌毒熨亦無非鳴道也故曰三代以上醫以道鳴漢文帝時淳于意受公乘陽慶之學傳黃帝扁鵲之脈書五色診病知人死生決嫌疑定可治及藥論甚精建安時張仲景勤求古訓博采衆方撰用素問九卷八十一難陰陽大論胎臚藥錄并平脈辨證爲傷寒卒病論十六卷華陀中藏經人法天地陰陽大要脈要生死要五藏六府諸篇皆能貫通靈素上接軒岐以道鳴也晉王叔和著脈經自岐伯以逮於華陀凡經論要訣百病根源靡不賅備

皇甫謐撰甲乙經編次鍼經素問明堂孔穴鍼灸治要三部同歸事類相從以道鳴也抱朴子以道家而爲肘後方陶隱君以丹道之餘而著名醫別錄以道鳴且以術鳴也孫思邈千金方平脈鍼灸明堂圖皆不戾於道翼方論傷寒發明仲景王燾外臺宗病源祖千金雖奧義無多然時有古醫載道之言見於他說故曰漢唐之醫以道鳴且以術鳴也宋元以來若劉守貞玄機病機源病式頗能發明經旨究極本源若張若李若朱則應時而生得聖人之一體以補其偏而救其弊所謂具體而微者也明清兩代獨薛己張介賓黃元御三家能於

素靈難經編絕簡垢闡發尤多外如俞昌葉桂徐大椿之倫固所謂卓然大家也俞葉應時而生發揚溫氣徐雖有難經經釋之作可謂知本顧其是內而非難所見未免稍偏餘如陳念祖陸九芝吳瑭王士雄輩則時醫也下此諸家雖問病處方亦往往爲人已病然究不知病之所以已病之所以不已此急就篇所謂醫匠道與術皆無聞焉故曰宋元以來之醫以術鳴者多以道鳴者少也世風日下醫道日沈則生民之禍日亟豈不大可懼哉子華子著醫道篇不曰術而曰道駸駸乎與素靈爭烈矣以之治國家天下猶之可也今讀醫道篇太

陽少陽太陰少陰及五行之論則內經陰陽八正天元五運六旨氣交五政六元九宫八風之提綱也讀醫道篇五方五神之說則內經方宜海論經水諸編之凡例也讀醫道篇腑臟血氣空竅闔鬲十物三氣之說而精究其理則內經之藏象經絡氣府氣穴骨空師傳通天天年營衛諸篇之菁華會其極則天眞調神丹經釋典孔墨之元精骨髓率皆包孕而無遺也豈非道哉惜醫者不能聞其說道者不能舉其名道籍當前塵封百世可慨也夫吾爲此注俾讀內經者以爲之導尤望當世之篤志於醫者以道鳴毋以術鳴也故歷舉古代之爲

醫家言者䚄縷陳之如右不嫌於夸也乙亥重五張驥

子華子序

護左都水使者光祿大夫臣向言所校讐中子華子書凡二十有四篇以相較復重十有四篇定著十篇皆以殺青書可繕寫子華子程氏名本字子華晉人也晉自頃公失政政在六卿趙簡子始得志招來賢儁之士爲其家臣子華子生於是時博學能通墳典丘索故府傳記之書性闓爽善持論不肯苟容於諸侯孔子遇諸郯歎曰天下之賢士也簡子欲仕諸朝而不能致乃遣使者奉纁幣聘以爲爵執圭是時簡子殺竇犢及舜華孔子爲作臨河之操子華子亦逡巡不肯起簡子大怒將

脅之以兵子華子去而之齊齊景公不能用也子華子館於晏氏更題其書曰子華子簡子卒襄子立子華子反於晉時已老矣遂不復仕以卒今其書編離簡斷以是門人弟子共相綴隨記其所聞而無次序非子故所著之書也大抵子華子以道德爲指歸而經紀以仁義存誠養操不苟於售惟孔子然後知賢齊大夫晏平仲與之爲久要之交當時諸侯以勢相軋爭結怨連禍日以權譎事子華子之言如持水納石不相醻答卒以不遇可爲酸鼻謹錄目臣向昧死上

子華子傳

內丘崔數伋譔

子華子姓程氏名本字子華晉大夫趙氏家臣程嬰之孫也嬰本程伯休父之後休父當周宣王時爲大司馬封於程後遂爲氏焉及晉靈公之世趙氏盾爲晉上卿當國盾之族子穿弒靈公盾不能討晉人歸罪於盾景公立會盾亦卒司寇屠岸賈謀於衆曰賊臣弒君子孫在朝何以懲罪請誅其後大夫韓厥止之賈不聽遂殺盾之子朔盡滅其族公孫杵臼謂程嬰曰胡不死嬰曰朔之妻有遺腹若幸而男吾奉之即女也吾徐死耳既

而朔妻免生男即文子武也賈聞而索之杵臼謂嬰曰立孤與死孰難嬰曰立孤亦難耳臼曰子爲其難我爲其易者二人謀取他嬰兒負以文褓匿杵臼家嬰乃詒諸將曰嬰不能立孤誰能與吾千金吾告趙氏孤兒處諸將皆喜許之發師隨嬰攻杵臼臼曰小人哉程嬰與我謀匿趙氏孤兒今又賣之忍乎抱而呼天曰趙氏孤兒何罪將遂殺杵臼與兒嬰乃得保孤兒俱匿山中居十五年值晉景公病卜曰大業之後不遂者爲祟景公問韓厥厥知孤兒存乃曰大業之後在晉絕祀者其趙氏乎公問趙尚有後乎厥具以實告遂召孤兒武立之

殺屠岸賈嬰謂孤兒武曰昔我不能死以思立趙氏後耳今子既立趙宗復我將下報趙孟與臼武號泣止之嬰不可遂自殺武服衰三年爲祭邑春秋祀之世世不絕子所謂吾之宗君厥有大造於趙宗者是也武卒子成嗣是爲景子成卒子鞅嗣是爲簡子子華子實當其世子生而賦性闓爽博學能通墳典丘索故府傳記之書善持論顯於當世韓魏相與爭侵地子華子見昭僖侯昭僖侯有憂色子華子曰今使天下書銘於君之前書之言曰左手攫之則右手廢右手攫之則左手廢然而攫之者必有天下君能攫之乎昭僖侯曰寡人不攫

也子華子曰甚善自是觀之兩臂重於天下也身亦重於兩臂韓之輕於天下亦遠矣今之所爭者其輕於韓又遠君固愁身傷生以憂戚不得也昭僖侯曰善哉教寡人者眾矣未嘗得聞此言也嘗適郯歸遇孔子於途傾蓋相語終日甚相親也孔子贈以束帛稱曰天下賢士恆隱居於苓塞存誠養操授學門弟子不苟售於諸侯簡子聞其賢將用之使使者將幣以聘爵以執圭時簡子戮竇鳴犢舜華逃吾丘鴆子孔子赴其召至河聞之而反子華子知其不可應也再拜其使而再辭之將聚帑以行其弟子北宮意強之卒見簡子簡子再拜

而迎之請致戎邑於子華子子華子固辭而歸明日遂去趙適齊簡子不説燭過謂簡子曰彼庶人也而傲侮公上法所弗置也簡子曰而士以兵之燭過以兵至芩塞則子華子之行者五日矣燭過反命曰無及也簡子悔之使使者於齊而使董安于寓書以招之子華子稽首再拜以肅使者於庭而授之書微露其所以不就簡子意其情切其辭婉簡子得書讀之心媿召其子無恤而戒之曰燭過小人也實使我獲罪於彼吾且死汝必反之勿忘也無恤曰諾子華子居齊齊景公亦不能用與其大夫晏嬰爲友交相善也居無何簡子卒子無恤

嗣子華子乃自齊歸已老不復仕召子元而訓之曰吾雖不釋於簡主而趙則吾姓之所宗事也今主君之爲人强毅而法能忍而無匿挺挺而不回且受人之規言其將光啓我趙氏之業而大其前人吾且老矣而不得以相其成爾小子其勿有二心以事主君及智氏之難襄子失國乃東遷於邢程氏蓋盡室從之也故子華子卒葬於吾邑之西鄙而今有墓存焉其後世裔孫祀之歷世不絕當其時其及門弟子有北宮意陽城胥渠畱務茲公仲承季沇諸子共相綴記其平日論議問答之言暨其出處行事緝而成書曰子華子二十有四篇略

無次序逮秦始皇帝下焚書之令程氏後裔爲石函秘藏其書得不滅於煨燼及漢光祿大夫劉向典校經籍於天祿乃去其重複者凡十有四篇定爲十篇繕寫以上布之中外今其書行於世贊曰子華子之能賢其氣數然邪彼士紳起寒素顯登名位人將曰此其先世隱德有報施也趙氏且斬嬰竭力保孤兒復趙氏且以死報主此其隱德實難乃其後有子華子稱天下賢士宜哉

子華子醫道篇注

春秋晉人程本子華子著

雙流張驥先識甫注

醫者理也理者意也

金匱理者皮膚藏府之文理蓋外乃肌肉之文理內乃募外之文理醫以疏理其文理故曰理素問標本病傳論先後標本以意調之王氷注以意調之謂審量標本不足有餘非謂捨法而以意妄爲也靈樞九鍼十二原論迎之隨之以意利之經水篇少長大小肥瘦以心撩之撩料同玉板論揆度奇恆道在於一

陰陽反佗治在權衡相奪奇恆事也揆度事也皆意
也文中子醫者意也藥者瀹也謂先通其意而後用
藥物以疏瀹之也唐書方技傳崔肖宗曰醫特意耳
思慮精則得之其意本此千金方論診候第四湯散
丸藥能參合而行之者可謂上工故曰醫者意也徐
大椿敘尤怡讀書記醫理在是而意之通實難泥一
成之見而欲强人之病以就吾說其患在固執好作
聰明而不窮究乎古人之成書是猶兵家之廢陣圖
法吏之廢律令也其患在不學由前之說在不能用
意由後之說在誤於用意惟多讀古人之書斯能善

用古人之書不誤於用意亦不泥於用意於長沙之旨庶幾得之可謂通其意矣

藥者瀹也瀹者養也

瀹唐韻集韻韻會正韻竝音藥莊子知北遊疏瀹而心澡雪而精神注疏瀹開滌也文中子藥者瀹也謂用藥物以疏瀹之也周禮醫師凡藥以酸養骨以辛養筋以鹹養脈以苦養氣以甘養肉以滑養竅本經名例上藥養命中藥養性下藥治病錢塘吳尚先專用薄貼以治內著書名理瀹駢文且名其所居曰理瀹齋義取諸此

腑臟之伏也

腑六府之腑古作府氣所聚處亦稱府素問經脈別論毛脈合精行氣於府府有六膽胃大腸小腸三焦膀膀也靈樞本藏篇六府亦有大小長短厚薄結直緩急又六府者所以化水穀而行津液者也經水篇六府受穀而行之受氣而揚之三十五難諸府者皆陽也小腸者受盛之府大腸者傳寫行道之府膽者清淨之府胃者水穀之府膀胱者津液之府三十八難三焦主持諸氣有名無形其經屬乎少陽此外府故言府有六三十九難五藏各有一府三焦亦是一

府然不屬於五藏故言府有五藏藏也素問宣明五
氣論肝藏魂肺藏魄心藏神脾藏意腎藏志爲五神
藏王冰一頭角二耳目三口齒四胸中爲四形藏高
世栻大腸小腸胃與膀胱藏水穀糟粕爲四形藏合
神藏爲九藏五藏別論腦髓骨脈膽女子胞六者藏
而不寫胃大腸小腸三焦膀胱五者寫而不藏十一
藏皆决於膽黃庭內景五藏心肝脾肺腎外有膽爲
六藏三十九難五藏亦有六藏謂腎有兩左爲腎右
爲命門靈樞本輸篇少陽屬腎腎上連肺故將兩藏
三焦者中瀆之府也水道出焉屬膀胱是孤之府也

是府雖言五言六藏雖言五言六言九言十一之不同然以內體言則藏主內府主外以人身全體言則藏府主內經絡主外外內血氣息息相通衛氣篇五藏者所以藏精神魂魄者也六府者所以受水穀而化行物者也經水篇五藏者合神氣魂魄而藏之六府者受穀而行之受氣而揚之不可一息停也伏者深藏而不出也廣韻藏匿也書大禹謨嘉言罔攸伏詩小雅潛雖伏矣漢書趙廣漢傳發奸擿伏如神皆有藏匿之義二十難經言脈有伏匿謂陰陽更相乘更相伏也注如陰乘陽上則陽伏隱匿藏陽乘陰上

則陰伏隱匿藏蓋府爲陽藏爲陰陽主外陰主内此
腑臟之伏即陰乘陽伏陽乘陰伏陰陽潛伏關格不
通之候也
血氣之留也
靈樞營衛生會篇血之與氣異名同類決氣篇中焦
受氣取汁變化而赤是謂血上焦開發宣五穀味薰
膚充身澤毛若霧露之漑是謂氣本藏篇血和則經
脈流行營覆陰陽筋骨勁强關節清利衛氣和則分
肉解利皮膚調柔腠理緻密則是氣出上焦是爲衛
氣血出中焦是爲營血營衛之流行即血氣之流行

也衛氣行篇衛氣之行一日一夜周於身邪客篇營
氣者泌其津液注之於脈化而爲血以營四末內注
於五藏六府衛氣者晝日行陽夜行於陰衛氣不得
入於陰常留於陽留於陽則陽氣滿衛氣留於陰不
得行於陽留於陰則陰氣盛營衛生會篇清者爲營
濁者爲衛營在脈中衛在脈外營周不休五十而復
大會陰陽相貫如環無端孫思邈脈論營與衛晝夜
循環未常一刻相悖故晝未常營不附衛然而衛專
其職矣夜未常衛不統營然而營專其功矣又十二
經中有經氣有經水經氣猶天之雲霧精彩陽神之

所司也而統於一衛衛至是而更現其神經水猶地之有江河雨露陰精之所存也而約於一營營至是而更覺其清潤由上諸說血氣即營衛營衛即陰陽血氣而留則營衛不和陰陽離決留即根結篇眞氣稽留邪氣居之是也

空窾之塞也

窾同竅莊子批大郤導大窾窾空竅也素問四氣調神論天明則日月不明邪害空竅陽氣則閉塞地氣者昌明王冰注風熱害人則九竅閉塞霧露爲病則掩翳精明陰陽類論陰氣客遊於心脘下空竅堤閉

不通四支別離注陰客上游胃不能制是土氣衰故脘下空竅皆不通靈樞口問篇液者所以灌精濡空竅者也邪氣藏府病形篇血氣上於面而走空竅其精陽氣上走於目而爲睛其別氣走於耳而爲聽其宗氣上出於鼻而爲臭其濁氣出於胃走唇舌而爲味空竅謂口鼻耳目余按竅統上下內外言金匱眞言論肝開竅於目心開竅於耳肺開竅於鼻腎開竅於二陰脾開竅於口清陽出上竅濁陰出下竅注謂上竅耳目口鼻下竅前陰後陰脉度篇五藏不和則七竅不通所謂玄府者汗空也注謂汗竅五癃津液

别論天暑衣厚則湊理開故汗出又肺主氣而主皮
毛人一呼則八萬四千毛竅皆闔一吸則八萬四千
毛竅皆開此外竅也靈樞胃五竅者閭門也四十二
難心重十二兩中有七孔此內竅也又氣穴篇氣穴
三百六十五以應一歲谿谷三百六十五穴會亦應
一歲孫絡三百六十五穴會亦以應一歲西說人體
縱有九竅橫有八萬四千毛孔縱竅有陰陽升降之
氣橫竅有出入往來之氣內外上下縱橫諸竅不可
稍有閉塞閉塞不通則痾疾生矣
關鬲之礙也

礙集韻韻會牛代切𣢟音硋或作硋通作閡俗作碍
南史引浮屠書作㝵說文止也又距也妨也阻也揚
子法言聖人之治天下礙諸以禮樂關爲內外出入
之路鬲爲上下升降之路交通來往不可一日礙也
素問骨空論輔上爲關膕上爲關靈樞九鍼十二原
論十二原出於四關四關主治五藏四關兩肘兩腋
兩髀兩膕皆血絡之機關也又謂之八谿手肘手腕
足膝足腕皆爲肉之小會兩手兩足合而爲八五藏
生成篇四支八谿之朝夕又謂之八節即人股肱之
關節合左右計爲八九鍼論風者人之股肱八節是

也邪客篇肺心有邪氣留於兩肘肝有邪氣留於兩腋脾有邪氣留於兩髀腎有邪氣留於兩膕八者皆關也本輸篇井榮腧經合所出爲井所溜爲榮所注爲腧所行爲經所入爲合二十七氣所行皆在五腧十二經脈之合穴皆在肘膝間此五輸之所留內外之所由出入也亦曰外關鬲與膈同通格胸中之膈膜也前齊鳩尾後齊十二椎即心肺與胃腸之分界爲上下升降之所必由也素問五藏生成篇支鬲胠脅注鬲在心肺之下前連於胸旁連於脅後連於脊之十一椎刺熱篇頰上者鬲上也刺禁論鬲肓之上

中有父母靈樞背腧篇膈俞在七焦之間挾脊相去三寸所經脈篇肺手太陰之脈還循胃口上膈屬肺大腸手陽明之脈絡肺下膈屬大腸胃足陽明之脈下膈屬胃絡脾脾足太陰之脈屬脾絡胃上膈其支者別上膈注心中心手少陰之脈下膈絡小腸小腸手太陽之脈下膈抵胃屬小腸膀胱足太陽之脈不言鬲然挾脊抵腰循膂絡腎屬膀胱膂脊連膈雖不言鬲猶言之也腎足少陰之脈從腎上貫肝膈心主手厥陰心包絡之脈下膈歷絡三焦三焦手少陽之脈絡心包下膈屬三焦膽足少陽之脈貫膈絡肝屬

膽肝足厥陰之脈屬肝絡膽上貫膈其支者復從肝
別貫膈上注肺鬲在內故曰內格脈度篇陰陽俱盛
不得相榮故曰關格關格不得盡期而死終始篇溢
陽爲外格溢陰爲內關關格者與之短期禁服篇內
關外格死不治此關鬲所以貫通內外周行上下不
可或有妨礙也礙則爲病

意其所未然也亦其所將然也察於四然者而謹訓於
理夫是之謂醫

未然將然即未病已病之謂素問四氣調神論聖人
不治已病治未病靈樞逆順篇上工刺其未生次刺

其未盛其次刺其已衰下工刺其已襲故曰上工治
未病不治已病金匱藏府經絡篇上工治未病何也
夫治未病者見肝之病知肝傳脾當先實脾四者即
上府藏血氣空竅關鬲之四者
以其所有餘也而養其所乏也
乏之者不足也素問天元紀五行之治各有太過不及
故其始也有餘而往不足隨之不足而往有餘隨之
知迎知隨氣可與期調經論有餘寫之不足補之有
餘有五不足亦有五神有餘有不足氣有餘有不足
血有餘有不足形有餘有不足志有餘有不足靈樞

邪氣藏府病形篇暴病者取之太陽視有餘不足痿疾者取之陽明視有餘不足骨繇者取之少陽視有餘不足膈洞者取之太陰視有餘不足悲者取之厥陰視有餘不足不通者取之少陰視有餘不足根結篇形氣不足病氣有餘是邪勝也急寫之形氣有餘病氣不足急補之是以其有餘而養其不足也

以其所益多也而養其所損也

素問天元紀氣有多少形有盛衰上下相召而損益彰矣陰陽應象大論能知七損八益則二者可調王冰注女子以七七爲天癸之終男子以八八爲天癸

之極然知八可益知七可損則各隨氣分修養天眞終其天年以度百歲上古天眞論女子二七天癸至月事以時下男子二八天癸至精氣溢寫然陰七可損則海滿而血自下陽八宜益交會而泄精出此七損八益理可知矣十四難脈有損至一損損於皮毛皮聚而毛落二損損於血脈血脈虛少不能榮於五臟六腑三損損於肌肉肌肉消瘦飲食不能爲肌膚四損損於筋筋緩不能自收持五損損於骨骨痿不能起於牀又損其肺者益其氣損其心者調其榮衛損其脾者調其飲食適其寒温損其肝者緩其中損

其腎者益其精益者損之損者益之此損益之道也反其所養則益者彌損矣反其所養則有餘者彌乏矣實則寫之虛則補之此有餘不足損益之大要也反者爲病靈樞終始篇陰盛而陽虛先補其陽而後瀉其陰而和之陰虛而陽盛先補其陰而後寫其陽而和之虛而寫之是爲重虛實而補之是爲重實九鍼十二原論迎而奪之惡得無虛追而濟之惡得無實虛則實之滿則泄之無實無虛損不足而益有餘是謂甚病又五藏之氣已絕於內用鍼者反實其外治之者輒反其氣取腋與膺五藏之氣已絕於外用鍼

者反實其内治之者反取四末邪氣藏府病形篇補寫反則病益篤八十一難肺實而肝虛微少氣用鍼者不補其肝而反重實其肺故實實虛虛損不足而益有餘與此反字正同

察於二反者而加疏瀹焉夫是之謂藥故曰醫者理也理者意也藥者瀹也瀹者養也

以上言醫藥之大凡張仲景傷寒卒病論敘怪當今居世之士曾不留神醫藥精究方術上以療君親之疾下以救貧賤之厄中以保身長全以養其生咄嗟

嗚呼王叔和脈經序醫藥爲用性命所繫和鵲至妙

猶或加思仲景明審亦候形證醫者四句乃子華子
反覆叮嚀之意
北宮意曰正惟是世俗之醫所不能爲也雖然意聞之
也有所資於意不如無意之爲愈也有所待於養不如
無待之爲愈也敢問
世俗之醫謂粗工下工北宮意子華子弟子靈樞禁
服篇未滿而知約之以爲工不可以爲天下師素問
示從容論聖人之治病循法守度援物比類化之冥
冥循上及下何必守經周禮醫師注人審用此者莫
若倉公扁鵲依漢書藝文志太古有岐伯揄柎中世

有扁鵲秦和漢有倉公扁鵲在周時倉公在漢世此二人知氣色之候史記扁鵲傳上古之時醫有俞跗治病不以湯液醪灑鑱石撟引案杌毒熨越人之爲方也不待切脈望色聽聲寫形言病之所在聞病之陽論得其陰聞病之陰論得其陽即此無意無待之神醫也

人之有精神也其升降上下與晝夜之相通也與天地相灌注也其爲種凡有幾

此數句可以包括素靈八十一難全旨人爲三才之一與天地參營衛氣血出入內外無不與天地相同

素問五運行論天地之動靜神明爲之紀陰陽之升降寒暑彰其兆六微旨論上下之位氣交之中人之居也故曰天樞之上天氣主之天樞之下地氣主之氣交之分人氣從之至眞要大論身半以上其氣三矣天之分也天氣主之身半以下其氣三矣地之分也地氣主之又氣之升降天地之更用也升已而降降者謂天降已而升升者謂地天氣下降氣流於地地氣上升氣騰於天高下相召升降相因而變作矣又出入廢則神機化滅升降息則氣立孤危故非出入則無以生長壯老已非升降則無以生長化收藏

是以升降出入無器不有靈樞五十營篇人經脈上下左右前後二十八脈周身十六丈二尺以應二十八宿漏水下百刻以分晝夜營衛生會篇陰陽相貫如環無端衛氣行於陰二十五度行於陽二十五度分爲晝夜至陽而起至陰而止故曰日中而陽隴爲重陽夜半而陰隴爲重陰太陰主內太陽主外各行二十五度分爲晝夜夜半爲陰隴夜半後而爲陰衰平旦陰盡而陽受氣矣日中而陽隴日西而陽衰日入陽盡而陰受氣矣如是無已與天地同紀又氣之不得無行也如水之流如日月之行不休陰脈榮其

藏陽脈榮其府如環之無端莫知其紀終而復始素
靈難經其發明精神氣血之生始出入上下升降其
說正多特言其概畧如此
子華子曰善哉而之問也觸類而演之進乎此則與知
道者謀矣
醫之爲道至大素問靈蘭秘典精光之道大聖之業
疏五過論爲工而不知道此診之不足貴聖人之治
病也從容人事以明經道徵四失論窈窈冥冥孰知
其道道之大者擬於天地配於四海史記扁鵲傳人
之所病病疾多而醫之所病病道少易引而伸之觸

類而長之而爾同陰陽别論謹熟陰陽毋與衆謀吾孜乎所以學也而擇取之矣夫天降一氣則五氣隨之寄備於陰陽合氣而成體故有太陽有少陽有太陰有少陰陰中有陽陽中有陰

一氣謂太極五氣木火土金水五行之氣易有太極天降一氣也是生兩儀兩儀陰陽也兩儀生四象四象太陽少陽太陰少陰也四象生八卦八卦生六十四卦是陰陽相交陽中有陰陰中有陽也素問天元紀鬼臾區引太始天元册文曰太虛寥落肇基化元萬物資始五運終天布氣眞靈總統坤元九星懸朗

七曜周旋曰陰曰陽曰柔曰剛幽顯既位寒暑弛張生生化化品物咸章五運行大論岐伯引太始天元冊文丹天之分經於牛女戊分黅天之氣經於心尾已分蒼天之氣經於危室柳鬼玄天之氣經於張翼婁胃所謂戊己分者奎壁角軫天地之門戸也一氣化生五氣本此陰陽應象論陰陽者天地之道也積陽爲天積陰爲地陰靜陽躁陽生陰長陽殺陰藏陽化氣陰成形天元紀大論在天爲氣在地成形形氣相感而化生萬物天氣通於肺地氣通於嗌風氣通於肝雷氣通於心谷氣通於脾雨氣通於腎所謂合

氣而成體也素靈言陰陽有二例言六氣則曰三陰三陽即厥陰少陰太陰少陽陽明太陽也至眞要大論陽明兩陽合明厥陰兩陰交盡靈樞繫日月論兩陽合於前故曰陽明兩陰交盡故曰厥陰六微旨論君火之右退行一步相火治之復行一步土氣治之復行一步金氣治之復行一步水氣治之復行一步木氣治之復行一步火氣治之少陽太陰陽明太陽厥陰少陰也陰陽離合論少陰之上名曰太陽太陽根起於至陰名曰陰中之陽太陰之前名曰陽明陽明根起於厲兌名曰陰中之陽厥陰之表名曰少陽

少陽根起於竅陰名曰陰中之少陽中爲陰其衝在
下名曰太陰太陰根起於隱白名曰陰中之陰太陰
之後名曰少陰少陰根起於湧泉名曰陰中之少陰
少陰之後名曰厥陰厥陰根起於大敦名曰陰之絶
陰太陽陽明少陽太陰少陰厥陰也天元紀厥陰之
上風氣主之少陰之上熱氣主之太陰之上濕氣主
之少陽之上相火主之陽明之上燥氣主之太陽之
上寒氣主之厥陰少陰太陰少陽陽明太陽也六難
冬至之後得甲子少陽王復得甲子陽明王復得甲
子太陽王復得甲子太陰王復得甲子少陰王復得

甲子厥陰王少陽陽明太陽太陰少陰厥陰也此言陰陽不言太少故重在六氣不重在陰陽也爲一例四氣調神論逆春氣則少陽不生逆夏氣則太陽不長逆秋氣則太陰不收逆冬氣則少陰不藏金匱眞言陰中有陽陽中有陰平旦至日中陽中之陽日中至黃昏陽中之陰合夜至鷄鳴陰中之陰鷄鳴至平旦陰中之陽此只言太少不言三陰三陽故重在陰陽不重在六氣也是又一例此言太少屬後例

故陽中之陽者火是也陰中之陰者水是也陽中之陰者木是也陰中之陽者金是也

素問金匱眞言背爲陽陽中之陽心也背爲陽陽中之陰肺也腹爲陰陰中之陰腎也腹爲陰陰中之陽肝也六節藏象論心者生之本神之變爲陽中之太陽通於夏氣肺者氣之本魄之處也爲陽中之太陰通於秋氣腎者主蟄封藏之本精之處也爲陰中之少陰通於冬氣肝者罷極之本魂之居爲陽中之少陽通於春氣繫日月論足之陽者陰中之少陽也足之陰者陰中之太陰也手之陽者陽中之太陽也手之陰者陽中之少陰也其於五藏也心爲陽中之太陽肺爲陽中之少陰肝爲陰中之少陽腎爲陰中之

太陰金匱眞言心其類火肺其類金腎其類水肝其類木陰陽應象大論南方熱生火火生苦苦生心西方燥生金金生辛辛生肺東方風生木木生酸酸生肝北方寒生水水生鹹鹹生腎靈樞九鍼十二原論陽中之少陰肺也陽中之太陽心也陰中之少陽肝也陰中之太陰腎也陰中之至陰脾也

土居二氣之中間以治四維在陰而陰在陽而陽故物非土不成人非土不生

周禮醫師注中央土味甘屬季夏金木水火非土不藏於五行土爲尊於五味甘爲上又甘土味金木水

火非土不載人之肉亦含載筋骨氣脈故以甘養肉素問金匱眞言腹爲陰陰中之至陰脾也王冰脾爲陰藏位處中焦六節藏象論脾胃大小腸三焦膀胱者倉廩之本營之居也名曰器此至陰之類通於土氣太陰陽明論脾者土也治中央常以四時長四藏各十八日寄治不得獨主於時又土生萬物而法天地不得主時五藏別論胃者水穀之海六府之大源五味入口藏於胃以養五藏玉機眞藏論脾脈者土也孤藏以灌四旁者也李杲脾胃論最詳可互參

北方陰極而生寒寒生水

素問玉機眞藏論北方水也萬物之所以藏也異法方宜論北方者天地所閉藏之域也其地風寒冰凍金匱眞言北方其味鹹其類水陰陽應象大論北方生寒寒生水五運行大論北方在天爲寒在地爲水其民緻理而赤色玉機眞藏論冬〻脈者腎也北方水也萬物之所合藏也水熱穴論冬〻者水始治腎方閉陽氣衰淮南子天文訓北方水也其帝顓頊其佐玄冥其日壬癸陰符篇天以一之數生水而潤下其居

北方

南方陽極而生熱熱生火

素問玉機眞藏論南方火也萬物之所以盛長也異法方宜論南方者天地之所長養陽氣之所盛處也金匱眞言南方其味苦其類火陰陽應象大論南方生熱熱生火五運行大論南方在天爲熱在地爲火玉機眞藏論夏脈者心也南方火也萬物之所盛長也水穴熱論夏者火始治心氣始長陽氣流溢淮南子天文訓南方火也其帝炎帝其佐祝融其日丙午陰符篇地以二之數生火而炎上其居南方

東方陽動以散而生風風生木

素問玉機眞藏論東方木也萬物之所以始生也異

法方宜論東方之域天地之所始生也其病爲癰瘍
金匱眞言東方其味酸其類木陰陽應象大論東方
生風風生木五運行大論東方在天爲風在地爲木
玉機眞藏論春脈者肝也東方木也萬物之所始生
也水熱穴論春者木始治肝氣始生肝氣急其風疾
淮南子天文訓東方木也其帝太皞其佐勾芒其日
甲乙陰符篇天以三之數生木而曲直其居東方
西方陰止以收而生燥燥生金
素問玉機眞藏論西方金也萬物之所以收成也異
法方宜論西方者金玉之域沙石之所收引也水土

剛强病生於內金匱眞言西方其味辛其類金陰陽應象大論西方生燥燥生金五運行大論西方在天爲燥在地爲金玉機眞藏論秋脈者肺也萬物之所以收成也水熱穴論秋者金始治肺將收殺金將勝火陽氣在合陰氣初勝淮南子天文訓西方金也其帝少昊其佐蓐收其日庚辛陰符篇地以四之數生金而從革其居西方

中央陰陽交而生濕濕生土

素問玉機眞藏論脾脈者土也中央孤藏以灌四旁者也異法方宜論中央平以濕天地之所以生萬物

也衆病多瘻厥寒熱金匱眞言中央其味甘其類土陰陽應象大論中央生濕濕生土五運行大論中央在天爲濕在地爲土玉機眞藏論脾藏者土也孤藏以灌四旁太陰陽明論脾者土也治中央常以四時長四藏各十八日寄治不得獨主於時也淮南子天文訓中央土也其帝黃帝其佐后土其日戊己陰符篇天以五之數生土而爲稼穡其居中央爲萬物母是故天地之間六合之內不離於五人亦如之血氣和合榮衛流暢五藏成就神氣舍心魂氣畢具然後成人靈樞陰陽二十五人篇天地之間六合之內不離於

五經别篇人之合於天之道也內有五藏以應五聲五色五時五味五位天年篇血氣已和營衛已通五藏已成神氣舍心魂魄畢具乃成爲人素問寶命全形篇人生於地命懸於天天地合氣命之曰人

是以五藏六腑各有神主

黃庭內景經心神丹元字守靈肺神皓華字虛成肝神龍禋字含明翳鬱道煙主濁清腎神玄冥字育嬰脾神常在字魂停膽神龍曜字威明六腑五藏神體清史記扁鵲倉公傳正義肝之神七人老子曰明堂宮蘭臺府從官三千六百人又云肝神六童子三女

子三心其神九太尉公名曰絳宮太始南極老員光之身其從官三千六百人脾其神云光玉女子母其從官三千六百人肺八人太和君名曰玉堂尙書府其從官三千六百人又云肺神十四童子七女子七腎其神六人司徒司空司命司祿司隸校尉尉卿也膽其神五人太一道君居紫房宮中其從官三千六百人胃其神十二人五元之氣諫議大夫也小腸其神二人元梁使者也大腸其神二人元梁使者也緣身經肺其神如白狩主魄化玉童長七寸持杖往來於肺藏心其神如朱雀主神化爲玉女身長八寸持

玉英出入於心府肝其神如龍藏魂爲二玉女玉童一青衣一黃衣各長七寸一負龍一持玉漿出入於肝藏脾其神如鳳化爲玉女長六寸循環於脾藏腎其神如白鹿兩頭化爲玉童長一尺出入於腎藏其神和也膽其神龜蛇化爲玉童長一尺戟其手奔馳於膽又眼目鼻舌齒髮各有神司是以君子持身不可不謹也

精稟於金火氣諧於水木

此言五行相生相克其理甚精精爲陰氣爲陽以氣相傳曰生以液相傳曰克故液行於夫婦氣傳於子

母至游子曰以氣相傳自腎爲始腎之氣傳於肝水生木也腎之氣足而肝之氣生以傳於心木生火也肝之氣足而心之氣生以傳於脾火生土也心之氣足而脾之氣生以傳於肺土生金也脾之氣足而肺之氣生以傳於腎金生水也肺之氣足而腎之氣生而復始以液相傳心爲始焉心之液傳於肺火克金也心之液至而肺之液行而傳於肝金克木也肺之液至而肝之液行而傳於脾木克土也脾之液至而腎之液行而傳於心水克火也腎之液至而心之液行亦周而復始凡心之液不得腎之氣則不行矣腎

之氣不符心之液則不生矣液行乎夫婦氣傳乎子
母木寄金鄉金藏木位返覆顛倒相克相生氣之中
求眞水水之中求眞氣其理至精從來論五行講生
克者均未道及故非深通玄道者不足與言醫也詳
見道樞衆妙篇道藏曾慥號至游子著道樞
精氣之合是生十物精神魂魄心意志思慮智是也生
之所自謂之精兩精相薄謂之神隨神往來謂之魂並
精出入謂之魄所以格物謂之心心有所憶謂之意意
之所存謂之志志之所造謂之思思而有所顧慕謂之
慮慮而有所決擇謂之智夫於智十累之上也至於智

則知所以持矣知所持則知所養矣

此與靈樞本神篇相類本神篇何謂德氣生精神魂魄心意志思智慮岐伯曰天之在我者德也地之在我者氣也德流氣薄而生者也故生之來謂之精兩精相搏謂之神隨神往來謂之魂並精而出入謂之魄所以任物謂之心心之所憶謂之意意之所存謂之志因志而存變謂之思因思而遠慕謂之慮因慮而處物謂之智馬注人身德氣等義唯智者爲能養生天非無氣而主之以理故我之德天之德也地非無德而運之以氣故在我之氣地之氣也則吾生德

所流氣所薄而生者也生之來者謂之精易曰男女搆精萬物化生則吾人之精雖見於有生之後而實由於有生之初之精爲之本也人生有陰斯爲營有陽斯有衛營衛相搏神斯見焉魂者屬於陽然魂則隨神而往來魄者屬於陰然魄則並精而出入以精對神則精陰而神陽魂屬神而魄屬精也心意志思智慮不外一心故凡所以任物者謂之心素問靈蘭秘典心者君主之官神明出焉由是而心有所憶者意也意有所存者志也志有所變者思也思有所慕者慮也慮有所處者智也惟智者爲能養生張注人

之德氣受天地之德氣而生精氣魂魄志意智慮德者所得於天乾知大始坤作成物德流氣薄而生者也決氣篇常先生身是謂精故所生之來謂之精平人絕穀篇神者水穀之精氣也蓋本先天所生之精後天水穀之精而生此神故曰兩精相搏謂之神火之精爲神水之精爲精肝爲陽藏而藏魂肺爲陰藏而藏魄故魂隨神而往來魄並精而出入爲君主之官天地之萬物皆吾心之所任本藏篇志意者所以御精神收魂魄志意和則精神專直魂魄不散故意志思慮智皆心神之運用故智者得養生之道余按

傳道篇鍾離子曰神者形之主也形者神之舍也形中之精以生氣氣以生神者也液中生氣氣中生液形中之子母也氣傳乎子母液行乎夫婦陰不得陽不生陽不得陰不成故精氣合而生十物也經脈篇人始生先成精精成而腦髓生故生之所自者精也老子二五之精妙合而凝凝則神生也腎藏精心藏神神方在肝而神未王故先現而爲魂精方在肺而精未盈故先結而爲魄蓋陽氣方升未化神先化魂陽氣全升則魂化爲神矣是魂爲神之初氣故隨神而往來陰氣方降未生精先生魄陰氣全降則魄變

而爲精矣是魄爲精之始基故並精而出入要知魂藏於肝木神藏於心火木火之生長賴乎脾土之上升肺金藏魄腎水藏精金水之收藏賴乎胃土之下降於是心意志思慮智皆禀乎中土而爲之主持焉內景經六府五藏神體清皆在心內運天經脾長一尺掩太倉心意常和致忻昌五形完堅無災殃經所謂二陽之病發心脾脾統於心解精微論心者五藏之專精也靈樞津液别論五藏六府心爲之主意志思慮不外一心馬張二注是也故下文曰心者五六之主也精神之所合也

布揚故能長久而不弊
流水之不腐以其逝故也戶樞之不蠹以其運故也
後漢書華陀傳人體動搖則穀氣得銷血脈流通病
不得生譬如戶樞終不朽也唐六典按摩博士一人
注仙經云戶樞不朽流水不腐謂欲使骨節調利血
脈宣通雲笈七籤流水不腐戶樞不蠹以其勞動不
息也
是以精止則滯神惛則伏魂拘則沈魄散則耗心忮則
惑志鬱則陷意營則罔思澁則殆慮殫則蒙智礙則愚
十物有十傷本神篇腎盛怒而不止則傷志志傷則

喜忘其前言腰脊不可以俛仰曲伸恐懼而不解則傷精精傷則骨痠痿厥精時自下心怵惕思慮則傷神神傷則恐懼自失又因悲哀動中者竭絶而失生喜樂者神憚散而不藏憂愁者氣閉塞而不行盛怒者迷惑而不治恐懼者神蕩憚而不收肝悲哀動中則傷魂魂傷則狂忘不精不精則不正當人陰縮而攣筋兩脇骨不舉肺喜樂無極則傷魄魄傷則狂狂則意不存人皮革焦脾憂愁而不解則傷意意傷則悗亂四支不舉魂屬神而魄屬精思慮志智皆心之所主是思慮志智統於心魂魄統於精神精神亦統

於心大惑論心者神之舍也神精亂而不轉卒然見非常處精神魂魄散不能得又神勞則魂魄散志意亂素問八正神明論神乎神耳不聞目明心開而志先慧然獨悟口勿能言俱視獨見適若昏昭然獨明若風吹雲故曰神神統十物不可傷也傷則諸患生矣惽集韻音昏不憭也孟子齊宣王曰吾惽又與悶同張衡應閒文不見是而不惽註猶悶也忮音寘說文很也从心支聲一曰懻忮强害也詩不忮不求莊子齊物論不勇不忮義同澁當作澀音濇同歰說文不滑也或作濇歰風俗通十反篇冷澀比於寒蜒蒙

易疏蒙者微昧闇昧之名書洪範傳蒙陰闇也左傳
昭公元年傳又使圍蒙其先君注欺也礙注見前
故所謂持者持此者也所謂養者養此者也意善哉而
之問也觸類而演之則與知道者謀夫
醫道至道也非方技也素問著至教論黃帝召雷公
問曰子知醫之道乎此皆陰陽表裏上下雌雄相輸
應也而道上知天文下知地理中知人事醫道論篇
可傳後世雷公請起受解以爲至道帝曰子若受傳
不知合至道以惑師教語子至道之要一則曰道再
則曰至道何其重也史家傳爲方技生人之大厄也

公仲子曰夫子之言也而之問也承也得所未之嘗聞如發蔀焉

公仲子子華子弟子蔀易豐其蔀注蔀覆曖障光明之物也釋文音部此言發其蔀猶云發其覆也莊子徵夫子之發吾覆也吾不知天地之大也謂去其外覆使露眞實也史記鄭汲傳至如說丞相弘如發蒙振落耳謂物蒙於上而發之素問六節藏象論請夫子發蒙解惑均有蔀字義

願夫子益其說而稽徵其所以解也

稽正韻考也書堯典曰若稽古易繫辭於稽其類注

考也徵證也論語夏禮吾能言之杞不足徵也中庸無徵不信

子華子曰然言固不可一而足也夫心也五六之主也精神之舍也

靈樞津液別論五藏六府心爲之主注見上

心之精爲火其氣爲離其色赤其狀如覆蓮其神爲朱鳥其竅上通於舌

傳道集心爲火其干丙丁其位南之赤帝者也會眞篇心者朱雀也入藥鏡南方丙丁也丙爲艮丁爲兌其夫婦也離以配乎心金碧龍虎篇南方離也其應

於心丙爲兄丁爲妹辛者丙之婦壬者丁之夫也天眞九皇火之眞氣金玄八素篇心者離之卦也其主神其通舌金書玉鑒篇心者南方離宮丙丁火也朱雀也泥金篇心者火也心之氣名曰朱雀緣身經心其神如朱雀素問金匱眞言南方赤色入通於心開竅於耳藏精於心其類火

肝之精爲木其氣爲震其色青其狀如懸瓢其神爲蒼龍其竅上通於目

傳道集肝爲木其干甲乙其位東之青帝者也會眞篇肝者青龍也又龍者東方甲乙也出於離宮入藥

鏡東方甲乙也甲爲乾乙爲坤其夫婦也震以配乎肝金碧龍虎篇東方震也天眞九皇少陽木之眞氣其應於肝以甲爲兄乙爲妹己者甲之婦庚者乙之夫也金玄八素篇肝者震之卦也其主魂其通目金書玉鑒篇肝東方震宮甲乙木青龍也泥金篇肝者木也肝之氣名曰青龍緣身經肝其神如龍金匱眞言東方青色入通於肝開竅於目藏精於肝其類草木

肺之精爲金其氣爲兌其色白其狀如懸磬其神爲伏虎其竅上通於鼻

傳道集肺爲金其干庚辛其位西之白帝者也會眞篇肺者白虎也又虎者西方庚辛也生於坎位入藥鏡西方庚辛也庚爲震辛爲巽其夫婦也兌以配乎肺金碧龍虎篇西方兌也天眞九皇少陰金之眞氣其應於肺以庚爲兄辛爲妹乙者庚之婦丙者辛之夫也金玄八素篇肺者兌之卦也其主魄其通鼻金書玉鑒篇肺西方兌宮庚辛金也白虎也泥金篇肺者金也肺之氣名曰白虎緣身經肺其神如白狗金匱眞言西方白色入通於肺開竅於鼻藏精於肺其類金

腎之精爲水其氣爲坎其色黑其狀如介石其神如玄龜其竅上通於耳

傳道集腎爲水其干壬癸其位北之黑帝者也會眞篇腎者玄武也入藥鏡北方壬癸也壬爲離癸爲坎其夫婦也坎以配乎腎金碧龍虎篇北方坎也天眞九皇陽明水之眞氣其應於腎以壬爲兄癸爲妹丁者壬之婦戊者癸之夫也金玄八素篇腎者坎之卦也其主精其通耳金書玉鑒篇腎者北方坎宮壬癸水也玄武也泥金篇腎者水也腎之氣名曰玄武緣身經腎其神如白鹿金匱眞言北方黑色入通於腎

開竅於二陰藏精於腎其類水
脾之精爲土其氣爲戊己其色黃其狀如覆缶其神爲
鳳皇其竅上通於口
傳道集脾爲土其干戊己其位中央之黃帝者也入
藥鏡坤以配乎脾金碧龍虎篇中央坤也其應於脾
以戊爲兄己爲妹癸者戊之婦甲者己之夫也金玄
八素篇脾者坤之卦也其主志其通口金書玉鑒篇
脾者中央坤宮戊己土也吾有鼎鼐調和四象五行
焉泥金篇脾者土也脾之氣名曰脞蛇緣身經脾其
神如鳳金匱眞言中央黃色入通於脾開竅於口藏

精於脾其類土

是故脾腎心肝肺五官之司

素問靈蘭秘典論心者君主之官肺者相傳之官肝者將軍之官脾胃者倉廩之官腎者作強之官

口舌鼻耳目五官之候

候外候也義見上文靈樞五閱五使篇鼻者肺之官也目者肝之官也口唇者脾之官也舌者心之官也耳者腎之官也混元篇五藏外通九竅肝通於目心通於舌脾通於口肺通於鼻腎通於耳下通於陰

脾之藏意腎之藏精心之藏神肝之藏魂肺之藏魄

此五神藏也宣明五氣篇心藏神肺藏魄肝藏魂脾藏意腎藏志是五藏所藏靈樞本神篇肝藏血血舍魂心藏脈脈舍神肺藏氣氣舍魂腎藏精精舍志脾藏營營舍意內德篇肝主藏魂肺主藏魄心主藏神脾主藏志腎主藏精

金木水火土五精之總也

此以類相同者言洪範孔疏萬物成形以微著爲漸五行先後亦以微著爲次五行之體水最微爲一火漸著爲二木形實爲三金體固爲四土質大爲五素問藏氣法時論五行者金木水火土也更貴更賤以

知死生以決成敗而定五藏之氣

寒暑風燥濕五氣之聚也

素問天元紀大論天有五行御五位以生寒暑燥濕風又木火土金水火地之陰陽也生長化收藏應之王注木初氣火二氣相火三氣土四氣金五氣水終氣此云五氣君相二火同治也陰陽應象論天有四時五行以生長化收藏以生寒暑燥濕風

水以潤之火以燥之土以溽之木以敷之金以斂之此以其性言也

素問五運行論燥以乾之暑以蒸之風以動之濕以

潤之寒以堅之火以溫之王冰注受燥故乾性生受暑故蒸性生受風故動性生受濕故潤性生受寒故堅性生受火故溫性生此謂天之六氣火暑同氣天之六氣地之五行也

水之烈也火之炎也土之蒸也木之溫也金之清也此以其氣言也

素問五運行論燥勝則地乾暑勝則地熱風勝則地動濕勝則地泥寒勝則地裂火勝則地固王冰注六氣之用此言五者天六地五也

水在下火在上土在中木在左金在右此以其位言也

素問刺禁篇肝生於左肺藏於右心部於表腎治於裏脾爲之使胃爲之市王冰注肝象木王於春春陽發生故生於左肺象金王於秋秋陰收殺故藏於右陽氣在外心象火陰氣主內腎象水脾營動不已糟粕水穀胃爲水穀所歸故脾胃主中央屬土也五運行論風寒在下燥熱在上濕土在中火遊行其間氣六而行五也

水之平也火之銳也土之圜也木之曲也金之方也此以其形言也

素問六節藏象論氣合而有形靈樞二十五人篇木

形之人小頭長面大肩背直身小手足火形之人廣朋脫面小頭好肩背髀腹小手足土形之人圓面大頭美肩背大腹美股脛小手足多肉金形之人方面小頭小肩背小腹小手足水形之人面不平大頭廉頤小肩大腹動手足發行搖身下尻長背延延然通天篇太陰之人北方水少陰之人西方金太陽之人南方火少陽之人東方木陰陽和平之人中央土太陰之人其狀黮黮然少陰之人其狀清然竊然太陽之人其狀軒軒儲儲少陽之人其狀立則好仰行則好搖兩臂兩肘常出於背陰陽和平之人其狀委委

然隨隨然顒顒然愉愉然睻睻然豆豆然

水則因火則革土則化木則變金則從革此以其材言也

左傳天生五材民並用之注五材金木水火土也周禮冬官考工記審曲面勢以飭五材以濟民器注五材金木水火土也

水井洫也火爨治也木金器械也土爰稼穡也此以其事言也

書洪範敬用五事一曰貌二曰言三曰視四曰聽五曰思即五行一水二火三木四金五土亦即水潤下

火炎上木曲直金從革土爰稼穡也集傳貌澤水也
言揚火也視散木也聽收金也思通土也亦人事發
見先後之敘

夫盈天地之間而充牣者惟此五物也

靈樞通天篇天地之間六合之內不離於五二十五
人篇五五二十五人之政而陰陽之人不與焉靈樞
識引張云五行之中又各有五如五形之人又分左
之上下右之上下是爲五矣五而五之計有二十五
人也

凡五物之有不可無也其所無不可有也微者養之使

章弱者養之使强損者養之使益不足者養之使有餘
無物不養也無物不備也夫是之謂和
和者和其不和也素問上古天眞論上古之人其知
道者法於天地和於術數度百歲乃去王冰注引老
子萬物負陰而抱陽沖氣以爲和中古之時有至人
者淳德全道和於陰陽調於四時此蓋益其壽命而
强者也亦歸於眞人其次有聖人者處天地之和從
八風之理形體不敝精神不散亦可以百數其次有
賢人者法則天地象似日月辨列星辰逆從陰陽分
别四時將從上古合同於道亦可使益壽而有極時

生氣通天論陰陽之要陽密乃固兩者不和若春無秋若冬無夏因而和之是謂聖度陰陽别論陰之所生和本曰和淖則剛柔不和經氣乃絶此結出一和字和則壽不和則否和誠養生之妙訣也四氣調神論春三月養生逆之則奉長者少夏三月養長逆之則奉收者少秋三月養收逆之則奉藏者少冬三月養藏逆之則奉生者少聖人從之故無奇病萬物不失生氣不竭此言五物五物者萬物之所出故曰四時陰陽者萬物之根本也陰陽四時者萬物之終始死生之本也

喜怒哀恐思不能汨也視聽言動思不能奪也
中庸喜怒哀樂之未發謂之中發而皆中節謂之和素問陰陽應象論暴怒傷陰暴喜傷陽喜怒不節寒暑過度生乃不固論語非禮勿視非禮勿聽非禮勿言非禮勿動本神篇和喜怒以安居處節陰陽而調剛柔則邪僻不生長生久視舉痛論怒則氣上喜則氣緩悲則氣消恐則氣下又怒則氣逆故氣上喜則氣和志達故氣緩悲則心系急故氣消恐則精卻故氣不行調經論喜則氣下悲則氣消脈度篇肺氣通於鼻肺和則鼻能知香臭心氣通於舌心和則舌能

知五味肝氣通於目肝和則目能辨五色脾氣通於口脾和則口能知五穀腎氣通於耳腎和則耳能聞五音三十七難同此言內和七情外和九竅故內不能汨外不能奪也

夫是之謂太和之國無待於意而爲醫太和之俗無待於養而爲藥

易各正性命保合太和乃利貞莊子調理四時太和萬物中說太和爲之表至心爲之內行之以恭守之以道稽康養生論以太和爲至樂則榮華不足顧也以恬澹爲至味則酒色不足欽也邵雍無名公傳性

喜飲酒名之曰太和湯揚子法言或問太和曰其唐虞成周乎此言太和之國太和之俗自非聖度不能即老子上德不德上德無爲等義素問上古天眞論聖人身無奇病萬物不失生氣不竭故與萬物浮沈於生長之門生氣通天論蒼天之氣清淨則志意治順之則陽氣治故聖人傳精神服天氣而通神明陰陽應象論聖人爲無爲之事樂恬憺之能從欲快志於虛無之守故壽命无窮與天地終此聖人之治身也道藏三尼醫世功訣依法行持可以知不醫之藥不藥之醫之妙用矣

不以物滑和不以物亂情中無載則道集於虛矣心無
累則道載於平矣
莊子齊物論不足以滑和不可入於靈府淮南子許
由善卷非不能撫天下甯海內蓋羞以物滑和謂滑
和則亂情情亂則不能虛不能平矣莊子惟道集虛
虛者心齋也子華子執中篇道之所載四出拓坦有
足者斯踐之矣夫何故平故也恢漪濛澒而無不容
一與二二與三吾不知攸然而同謂之平夫何故虛
故也惟虛爲能集道惟平爲能載道無所於閡無所
於忤虛之至也左不偏於左右不偏於右無作好也

無作惡也如縣衡者然平之至也故曰一虛一平而道自生一平一虛而道自居可爲本節鐵板注腳安平恬愉吐故納新靜與陰同閉動與陽俱開若是者由人而之天合之太初之三氣矣

莊子吹呴呼吸吐故納新熊經鳥伸爲壽而已矣夏侯湛東方畫贊談者又以先生噓吸冲和吐故納新棄俗登仙神交造化漢書王吉傳吸新吐故以練藏專意積精以適神淮南子王喬赤松吸陰陽之和食天地之精呼而出故吸而入新百問篇純陽子噓呵吸呼嘻呬吹呌功訣調理五藏六府灌溉四支百骸

别有傳授茲不贅述素問陰陽應象論積陽爲天積陰爲地陰靜陽躁陰陽别論去者爲陰至者爲陽靜者爲陰動者爲陽遲者爲陰數者爲陽周子太極圖說太極動而生陽動極而靜靜而生陰靜極復動一動一靜互爲其根素問生氣通天論陰者藏精而起亟也陽者衛外而爲固也陰不勝其陽則脈流薄疾并乃狂陽不勝其陰則五藏氣爭九竅不通陽動陰靜陽開陰閉故也子華子陽城胥渠問篇混沌之初是名太初實生三氣上氣曰始中氣曰元下氣曰玄玄資於元元資於始始資於初

以之正心修身治國家天下無以易於此術矣吾之說盡於此矣二子拱而退書以識之

醫道相道治身理天下一而已老子五千文言道德之意而曰以正治國又曰治大國如烹小鮮黃帝以理身緒餘治天下坐於明堂之上與岐伯上窮天紀下絕地理遠取諸物近取諸身更相問難垂法以福萬世於是雷公之倫授業傳之而內經作矣斯術也乃道術也史家乃曰方技曰方術是不知醫之爲道大也可勝慨哉

子華子醫道篇注終